有马赖底（临济宗相国寺派管长）

中国佛教协会传印会长题

·有马赖底禅文集·

活在禅中

（日本）有马赖底／著

刘建 华海 译

海南出版社
HAINAN PUBLISHING HOUSE

禅、持たない生き方 著有 有馬頼底

版权合同登记号：图字：30-2012-122 号
图书在版编目（CIP）数据
活在禅中 /（日）有马赖底著；刘建，华海译 . --
海口：海南出版社，2014.2
ISBN 978-7-5443-5259-8
Ⅰ . ①活… Ⅱ . ①有… ②刘… ③华… Ⅲ . ①禅宗 -
人生哲学 - 通俗读物 Ⅳ . ① B946.5-49
中国版本图书馆 CIP 数据核字 (2013) 第 241117 号

活在禅中

作　　者：［日本］有马赖底
策划编辑：柯祥河
责任编辑：任建成
特约编辑：孙　芳
装帧设计：黎花莉
责任印制：杨　程
印刷装订：三河市祥达印刷包装有限公司
读者服务：蔡爱霞
海南出版社　出版发行
地址：海口市金盘开发区建设三横路 2 号
邮编：570216
电话：0898-66830929
E-mail：hnbook@263.net
经销：全国新华书店经销
出版日期：2014 年 2 月第 1 版　2014 年 2 月第 1 次印刷
开　　本：880mm × 1230mm　1/32
印　　张：8.75　彩插：0.125 印张
字　　数：150 千
书　　号：ISBN 978-7-5443-5259-8
定　　价：35.00 元

目　录

推荐序一

有马赖底长老是中国佛教协会已故会长赵朴初老居士的挚友，现任日中韩国际佛教交流协会副理事长、日中临济宗黄檗宗友好交流协会会长、临济宗相国寺派管长、京都佛教会理事长，在日本佛教界享有较高威望。

长老长期致力中日友好，为两国佛教交流倾注心血，为巩固和发展中、韩、日佛教“黄金纽带”的关系，倾心竭力，功莫大焉。

“有马赖底禅文集”收录了《禅茶一味》《云水禅心》《破壁入禅》《活在禅中》《禅僧直往》《禅的对话》六部代表作，以独到的视野旁征博引，勾勒出禅法东渐的轮廓，论述了禅茶文化的发展轨迹；阐述了长老的禅宗艺术理念，诠释了处世哲理。皆希借此度化世人看破放下，舍欲清心，背尘合觉，引导众生把握日常生活中行、住、坐、卧的禅机，以禅家睿智面对人生，迎面今世苦难。

“有马赖底禅文集”六部著作章节简练、深入浅出、幽默诙谐、契理契机、引人入胜、发人深省，娓娓道出禅家箴言妙语，可谓是对治现代人心灵疾病的灵丹妙药。

傳印

中国佛教协会会长

二〇一三年七月吉日

推荐序二

昔日，灵山盛会，佛祖释迦牟尼手拈香花，默然不语，众皆不解，唯有大弟子摩诃迦叶会意微笑。佛心大悦，遂将“正法眼藏，涅槃妙心，实相无相，微妙法门，不立文字，教外别传”之心法付嘱摩诃迦叶。是乃人类思想史上禅之发端。迦叶尊者因之而被尊奉为禅宗初祖。此后，代代相传至二十八祖菩提达摩，入华弘法，阐扬禅那宗风，秘传佛祖心印，其“直指人心，见性成佛，不立文字，教外别传”之禅风，为当时的中国佛教注入了新鲜的活力，很受时人崇仰，被尊为“东土第一代祖师”。达摩之后，经二祖慧可、三祖僧璨、四祖道信、五祖弘忍、六祖慧能等大力弘扬，终于“一花五叶”，盛开秘苑，成为中国佛教的最大宗门。

“一花开五叶，结果自然成”。慧能之后，禅宗分为南岳怀让和青原行思两系，并逐渐衍化出沩仰、临济、曹洞、云门、法眼五家，后又从临济宗石霜楚圆门下分出黄龙慧南和杨岐方会二派，合称“五家七宗”。各派皆以不立文字、直探心源为宗旨，应机接物，大辟机用，呈现了丰富多彩的宗风禅法：沩仰宗禅风细密，师资唱和，语默不露，事理并行；临济家风，全机大用，棒喝齐施，势如山崩，机似电卷；曹洞家风绵密，默照暗推，敲唱为用，理事回互；云门禅风孤危险峻，人难凑泊，简洁明快，超脱意言；法眼宗风，对症施药，垂机顺利，渐服人心，削除情解；黄龙派门庭严峻，人喻如虎，禅不假学，贵在息心；杨岐派神机颖悟，钳锤妙密，浑无圭角，宗风如龙。七宗之中，尤以临济机锋峻烈，单刀切入，变革最烈，影响最大。

公元七世纪，日本法相宗僧侣道昭，入唐从玄奘三藏求学唯识、兼从慧满习禅，归国后于元兴寺首创禅院。奈良时代，天平八年（736）神秀弟子普寂的传人道璿渡日传法，在奈良大安寺设禅院弘扬北宗禅。禅宗得以远播日本。公元十二世纪，荣西禅师曾两度入宋求法，参谒天台山万年寺虚庵怀敞禅师，习禅问道，承袭临济宗黄龙派的法脉，并逐渐发展成日本禅宗的主流。

镰仓时代至室町时代，日本临济禅不断弘扬、发展，先后分立为建长寺派、圆觉寺派、南禅寺派、东福寺派、天龙寺派、相国寺派、建仁寺派、大德寺派、妙心寺派、方广寺派、永源寺派、向岳寺派、佛通寺派、国泰寺派等十四派（亦称十四大本山）。

京都古刹相国寺，作为日本临济禅相国寺派的中心，600 余年来，一直是日本最重要的禅宗行政中心。除拥有金阁寺和银阁寺外，还统领百余座大小寺庙，更是许多艺术品的收藏中心，为弘扬临济禅文化作出了巨大的贡献。1992 年，在时任中国佛教协会会长赵朴初居士、副会长兼开封大相国寺方丈真禅长老以及日本相国寺住持有马赖底长老等人的倡导和推动下，中日两所相国寺缔结为友好寺院，成为两国佛教界缔结的第一对友好寺院。2009 年，有马赖底长老担任会长的“日中临黄友好交流协会”与中国云南大理崇圣寺缔结为“友好关系”，是中日佛教界缔结的第三对友好寺院。

作为相国寺派的现任管长，有马赖底长老积极致力于中日友好，注重发展两国佛教双向交流，在当代中日佛教文化交流史上发挥了极其重要的作用，是中日和平友好的使者。

有马长老不仅是一位富有影响的日本佛教领袖和中日和平使者，还是当代著名的佛教学问僧。弘教、禅修之余，长老数十年如一日，坚持著书立说，开示学人。本人所在的上海玉佛禅寺，曾有缘将长老的《禅林夜话》、《大道说法》两部著作中文版推介给中国读者。本次付梓的六部新作，行文质朴、内涵丰富、亲切自然、幽默风趣，是长老深研禅法的思想精髓，是实际禅修的内心感悟，是劝化世人的指路明灯，是净化社会的嘉言懿语，读来有如醍醐灌顶，引人入胜，发人深省，肺腑清凉。

相信有马长老新作的出版发行，对于丰富当代禅学思想，启迪禅学的生活实践，推动现代禅学的与时俱进，必将产生极其深远的影响。热切期待有马长老，老当益壮、笔耕不辍，透过文字般若，奉献无上智慧，以启迪昏蒙、利益群生，为正法久住、续佛慧命而不遗余力、放光无尽。

是以为序！

觉醒

中国佛教协会副会长、

上海市佛教协会长、上海玉佛禅寺住持

2013 年 8 月 8 日

中文版序

佛法东渐，源远流长。中国禅东流扶桑，历经镰仓、南北朝和室町时代，蓬勃发展，蔚为壮观；临济宗、曹洞宗、黄檗宗繁衍不绝，传承至今。

一花开五叶，香花结胜缘，拙作《禅僧的生涯》、《大道说法》、《禅林夜话》曾先后在日本禅的故乡中国得以付梓刊行。承蒙中国海南出版社精心策划编辑，拙僧近年新作《禅茶一味》、《云水禅心》、《破壁入禅》、《活在禅中》、《禅僧直往》、《禅的对话》，即将汇集为“有马赖底禅文集”，与中国广大有缘读者见面了。

昭和五十四年（1979）五月二十八日，日中友好临济黄檗协会诞生了，我在该会的第一次理事会上被选为常务理事。昭和五十七年，升任该会事务局长。从此，我义不容辞地走在了跨越国界的临济黄檗宗门友好交流活动的最前列。

日中友好临济黄檗协会成立以来，先后组织派遣了十余次友好代表团访问中国，通过开展各种形式的友好交流活动，不断地增进了与中国佛教界的友好交流往来

2016 年，我们日中临济门徒即将迎来宗祖临济义玄禅师圆寂一千一百五十周年。日中友好临济黄檗协会下属十五派计划分别组织派遣代表团前往中国，朝礼祖庭，寻根祭祖。同时，日中友好临济黄檗协会还计划与中国佛教协会联合举行各种形式的友好交流纪念活动。

1977 年以来，我本人曾经八十四次访问中国，参拜祖庭、巡礼朝圣、讲演交流，在中国广袤的大地上留下了无数拜祖报恩、弘法利生的足迹。

法法东流，从镰仓时代至现代长达七个世纪的漫长历史岁月中，禅宗的兴隆和普及，不仅形成了日本佛教发展史上的一大壮观，还触发了太古以来传入、堆积、沉淀于日本列岛深层的中国文明的基因，造就了绚丽多

彩而独具日本民族特色的禅文化。

以参差、简素、枯淡、脱俗、自然、清寂、幽玄等为思想和艺术风格特征，由诗文、书画、能乐、和歌、连歌、俳谐、茶道、花道、香道、园艺、饮食等构成的禅文化，发展繁荣至今，焕发着隽永的生命力，受到东西方世界的注目。

放眼全球，科学技术的发展日新月异，迅猛异常。伴随着国际化不可阻挡的历史潮流，东西方文明的矛盾冲突日益激化，各种意识形态乃至各种不同宗教之间的相互较量和挑战愈演愈烈。当今世界正处于一个急剧动荡、变化无常的历史时期。

面对变化纷纭的当今世界，以及自身生活着的周围环境，不少人迷惘彷徨、无所适从、举步维艰。归根结底，我认为关键的问题在于行动。如果我们毫无作为，我们的生活环境就不会发生任何变化。禅门有“冷暖自知”一句名言，倡导世人自己动手，亲身体验。我认为，即使我们所付出的努力暂时并没有使周围环境有所改变，但是通过具体实践所获得的感性知识一定会使我们自身有所变化。这就是禅之所以被称为体验型宗教的缘由之所在。

我八岁那一年，由于父母离异而导致家庭崩溃。我由生长在东京闹市名门望族的纨绔子弟，倏尔变成了乡村禅寺的小和尚，开始了漫长而艰辛的修行生活。光阴荏苒，我已经在弘法利生的人生旅途中走过了七十多个春秋。

往事并不如烟，回首自己的禅僧生涯，我所经历过的人生顺境或逆境历历在目。我的人生历程中，逆境远远多于顺境。所谓逆境究竟在人生中扮演着什么角色呢？我认为，逆境可以使我们更加深入地接触人生和更加深刻地认识人生。

在七十余年的禅僧生涯中，我从各种各样的逆境中所得甚多。即使在极为平凡的日常生活中所经历的逆境，也堪称难得宝贵。因为越是平凡的环境，就越能够使我们觉悟到逆境的存在价值和意义。换而言之，风平浪静的安逸生活往往难以使我们有所觉悟、有所收获。

逆境的反面就是顺境。所谓顺境，往往给我们以一种向上或向前的感性认识。换而言之，如果不是身处逆境，即使平平凡凡的日常生活也可以使我们产生置身于顺境的感觉。

然而，所谓顺境并非永远一帆风顺，顺境之中往往不断地滋生着逆境的萌芽。顺境往往建立于他人的逆境之上。换而言之，逆境与顺境并非毫不相干之物，而是一对不可分割的孪生兄弟。在我们短暂而漫长的人生中，由于时间、地点、环境乃至人际关系的变化，顺境和逆境这一对孪生兄弟不断地变换角色而展现于人生舞台。所以，由于些许的契机，顺境则将转变为逆境，而逆境则将转变为顺境。

如果明白了这一道理，我们则将在日常生活中切身地感觉到，左右为难而不知所措的逆境不足为怪，终将在不知不觉中消失殆尽；郁闷不快的心情终将得到化解，而迎来轻松爽快的自我；烦恼厌恶之事瞬间将转化为愉快欢欣之事。只要我们善于不断地转换和疏导，就能够保持生命之树常青。放弃我执，转换开创，将给我们短暂而宝贵的人生带来无限成功的喜悦。

如果明白了这一道理，我们就将不急不躁，不断地卸掉压在双肩上的一个个沉重的包袱。如果舍弃了一个个“身外之物”，则意味着向着重返自我本来面目而迈出了坚实的一步。

何为禅？这是禅僧经常遇到的一个永恒的“难题”。所谓禅，其实答案极为单纯明快。我们生存着的世间唯一真实不变之物，平等地赋予所有世人的真实不变之物究竟何在？

答案只有一个，那就是有生必有死。不论何人，都是赤裸裸而生，赤裸裸而亡。换而言之，从一无所有之处诞生，又回归一无所有之处。禅的根本宗旨“本来无一物”淋漓尽致地表达了这一哲理。

如果我们真正地觉悟到了这一哲理，我们将无所畏惧，堂堂正正，信步前行。衷心地期望老衲这套拙作能够成为有缘之人开启禅的智慧之门的敲门砖。

禅僧的社会使命在于庄严国土，利乐有情。一个美丽的国家，源于每一个国民纯洁而高尚的心灵。只要我们每一个人自身不断地努力，日积月累，就一定能够收获丰硕而甘美的果实，就一定能够创建一个美好而和谐的世界。

有馬頼底

临济宗相国寺派管长

前　言

人生苦短，在短暂而漫长的人生中，无论任何人都曾经感受过人生的艰辛和痛苦。

俯瞰大千世界，有悖常理而令人匪夷所思之事数不胜数。例如，想工作的人却找不到工作；每天都在复杂纷纭的人际关系中残喘挣扎；亲朋好友之间也充满了勾心斗角和尔虞我诈。展望未来，周围的所有一切都被“不安”二字所笼罩，前途黯淡。

虽然客观环境如此残酷无情，但是我们绝不能只在唉声叹气中度日，而应该积极勇敢地面对残酷的现实世界，执著地追求人生的理想，放射出生命的灿烂光辉。

我脱离娑婆世界投身佛门，转瞬七十多个寒暑已经过去了。回首自己走过来的人生岁月，曾经有过很长一段心酸而艰难的日子。我刚满八岁那年，由于父母的离异，我被迫离开了繁华的东京，去了大分县的禅寺。

等待着我这个压根儿不知道“禅”为何物的公子哥的是孤独无比、夜以继日的修行生活。我脱离了光芒四射、前程似锦的贵族生活，而置身于默默无闻、寂静幽玄的禅的世界。

禅寺小和尚的修行生活，对于我这个衣来伸手、饭来张口的公子哥来说，是一个完全陌生的世界。我一无所知，一切都要从零起步学习。不论诵经，还是清扫或者烧饭，禅院里所有的一切对于我来说都是人生的初次体验，所以只好一边仔细观察师父或师兄的一举一动，一边照猫画虎地模仿实践。

毋庸赘言，这一切对于一个刚满八岁的公子哥来说，挫折和失败接连不断，而我承受的却只有师父毫不留情的铁拳和棍棒。

面对师父的铁拳加棍棒式的教育方式，我只有“忍”，咬紧牙关在皮肉痛苦和精神折磨之中残喘挣扎。

就是在这样残酷而艰辛的日日夜夜中，我忽而感觉到自己的身心逐渐出现了一些细微的变化。

虽然只是极其细微的变化，但是我的整个身心确实一点点地在发生变化。令人不可思议的是，随着整个身心的变化，我对周围的人和事物的看法，乃至自身的思维方式也发生了翻天覆地的变化。

拂晓来临之前的寒风冷气曾使我颤抖不止而萎缩恐惧，而今却蓦然化作使我神清气爽的徐徐晨风。每天只是盼望着快些收工的清扫等寺务，瞬间变成了我积极投入自己整个身心的极为重要的本职工作。

在禅寺修行生活的方方面面，我都觉察到了自己身心所发生的变化，或许这些变化就是日复一日、年复一年地修行所带来的必然结果吧？我虽然已过古稀之年，但是身为禅林老衲，依然每天修行不止。

回首自己所走过的漫长的参禅问道岁月，我深深地感到，禅是一个无限宽广而深邃的世界。

但是，拙作并非解答“禅为何物”的入门书。老衲期盼通过这本拙作，与各位有缘之人共同分享长达半个多世纪的参禅问道的些许感悟。

我确信身心的变化来源于感悟。我的确信来源于自身不断积累的经验和无数的经历与实践。我愿意与各位有缘之人重新回溯自身在不断的修行实践中所获得的感悟。感悟到身心的细微变化，必将导致思维方式产生变化乃至对客观事物的看法的转变。如果各位有缘之人能够得到这样一种收获，实为老衲望外之喜。

佛教经典的无尽宝藏中，尤其是禅的名言警句之中，蕴涵着能够使我们达到无上境界的智慧。譬如“本来无一物”。

“本来无一物”一语源自中国禅宗六祖慧能（638～713）的《六祖坛经》。慧能继承并发扬了禅宗初祖菩提达摩的宗旨，将禅的世界阐述概括为“本来无一物”。慧能告诫世人：人一切皆无而赤裸裸地诞生于世间，也就是说，世间万物本来皆“空”，所以切莫执著，要放得下，自由自在地去生活。

毋庸赘言，我们每一个人都是一无所有而赤裸裸地降临到了这个世界，随后又一无所持而赤裸裸地告别人间。或者可以说是从本来一无所有的世界诞生而来，而后又回归一无所有的世界。这就是我们所要经历的所谓人生吧？难道还存在着超越此种自由而安心的人生之物吗？

切实地觉悟到了“人生”这一活生生的事实，也就可以说领悟到了“禅为何物”。其实，答案就是这么简简单单、明明白白。我认为，关键在于如何理解和领会“本来无一物”这个道理。一切皆无、一切皆空，就连“我”这个概念都被否定得一干二净。

说到“本来无一物”，也许有人发问：“这么说什么都没有了？”答案是：“否！”“当下”这两个字活生生地存在于我们的眼前。那么，“当下”又是什么呢？所谓“当下”转眼之间就是“过去”，也就是说，刚才还存在于眼前的“当下”，现在已经无影无踪了。这就是“诸行无常”。世间万物变化不止，毫无恒常。所以，即使主观上强调“当下”自身的存在、自身的富有，但事实上这个“当下”已经随着瞬间的变化而消失了。即使你身价几十亿、几百亿，也都不过是“虚假”之物。

比方说，“生存”这一概念代表现在，存在于眼前；而“死亡”存在于遥远的未来。生与死之间横亘着难以数计的客观事物，比如双亲、子女、名誉、地位、事业、财产等等。谋求生存，就要去赚钱，就要去交际，因此就会出现烦恼、产生迷惘，进而感叹人生之艰辛与痛苦。

佛教倡导“放下诸缘”。“放下”就是舍弃一切执著。当你腰缠万贯时，你就自然会滋生难以舍弃之心。当你渴望获得某种精神物质的有形之物时，就自然会产生执著之意。

人往往越是“富有”，就越是执著；越是执著，就越是唯恐失去社会地位，唯恐失去身家财产，唯恐失去眼前的一切。

但是，我们不能忘记这样一个活生生的客观事实：每个人都是赤裸裸地诞生于人世，又赤裸裸地告别人生。佛教将这一不可抗拒的客观规律称为“无”或“空”，而禅宗将之称为“本来无一物”。

没有任何事物常驻世间，所有一切都在移动变化，最终消失。过去的历史、现在的瞬间、未来的召唤，如此轮回，周而复始、永无止息。

过去、现在、未来，一切皆有，如此轮回；而最终一切皆无、一切皆空。任何人都不可能将地位、名誉、财产等携往死亡世界。如果领悟了这个浅显的道理，你将自由自在、无所畏惧。如果领悟了这个浅显的道理，你将会主动地舍弃所有身外之物，你的“欲望之心”则将转变为“舍弃之心”。

我平时经常在自己住持的寺院面向庭园的书院接待来访的客人。每当角角落落都清扫得一尘不染的庭园景色映入来客眼帘时，总会听到出自客人之口的赞美感叹：“这庭园太漂亮了！真让人心平气和。”

来客们触景生情，为禅寺庭院这一小宇宙的风景所陶醉，心情为之倏然平静。我认为，这一感悟过程就必然要带来心灵乃至精神上的变化，甚至会舍弃龌龊邪恶的嗔痴，而将积存于胸中的所有污秽之物一扫而光。

只要不断地唤醒沉睡于心灵深处的“灵性”，我们就会不断地舍弃压在我们身心之上的艰辛与痛苦，从而成为自由自在之人。

如果我们掌握了禅的这一“智慧”，我们则将在极为平凡的日常生活中邂逅“感悟”的瞬间，从而切身体验身心所发生的瞬间变化，接踵而来的将是对周围的人事物的看法乃至自身的思维方式的转变。

如果我们抵达了这样一个境界，展现在我们眼前的则将是一个景色迥异的新世界。换而言之，舍弃之心从此敞开了门扉。

那么，我们自身将发生哪些变化呢？你将对一直困扰着你且使你束手无策之事不屑一顾，一直萦绕你心头的焦躁不安将悄然逝去不返，郁郁寡欢、闷闷不乐的情绪将变得轻松异常，所有厌恶之情都将转变为欣喜之意，你将重新发现一个爽快地生活着的自我。

只要舍弃执著之念，淡泊名、利、权、情，就能放下身心世界；只要以平常心行路，就一定会心宽路广。人心之力的确不可思议。

毋庸赘言，如果我们将缠绕在自身的多余之物一件一件地舍弃，就意味着我们迈出了重返本来清净自我的一步。

期望拙作《活在禅中》，能够成为有缘之人开启禅的智慧之门的敲门砖。

有馬頼底

临济宗相国寺派管长

第一章

卸掉包袱

抛弃世间常识

在日常生活当中，我们经常会遇到各种各样棘手的令人为难之事。

无论是尔虞我诈的人际关系，还是纷繁复杂的工作环境，乃至世俗关系的缠绕羁绊等等，无一不令人望而生畏、踌躇不前。但是，我认为最令人难以驾驭的莫过于所谓“常识”了。不少被称为所谓社会常识的道理或事物，绝非不容颠覆的完美无瑕之物。

回溯历史，我们都可以想起不少转瞬之间就被颠覆了的所谓常识。

在那场给亚洲人民和日本人民带来了深重灾难的战争中，广大日本人民为了“国家的利益”挺身而出，舍生忘死、奔赴战场、为国捐躯。这种行为曾经被视为每一个国民应尽的义务和美德，成为日本国民尽人皆知的社会常识。

然而，日本战败投降之后，战争中的所谓社会常识被完全颠覆，发生了翻天覆地的变化。所谓民主主义和市民社会成为新时代的主流常识，往昔普遍公认的社会常识转瞬即逝，消失得无影无踪。

因此，我们可以这样认为：所谓常识往往都是“机会主义”的产物。我们不能忽略这样一个事实：世间的所谓“常识”往往是迎合某一时代的统治者或者多数派的产物。如果不利于他们则将被冠以“非常识”或“异端”等罪名而遭到极力排斥或镇压。这就是所谓“常识”的基本社会构造。

所以“常识”中当然不乏荒谬绝伦之物。正是由于“常识”绝非永恒不变的真理，所以在实践中，我们也会遭遇有违常识的现象和体验。换而言之，常识也可能由于某一外界因素而被轻而易举地颠覆。

在历史上重大发明的引导下，在与异文化的碰撞融和中，以往的所谓常识，就是这样轻而易举地被颠覆了。纵观人类社会的发展史，我们可以清楚地认识到：曾经被视为行动规范的“常识”并不是永恒不变的，绝对正确的常识是不存在的。

如果我们墨守成规而安于现状，就不会察觉“常识”中存在的弊端，而盲目地为“常识”所左右和摆布，从而不断遭受挫折。这是因为“常识”已经如空气一般存在于我们生存的空间，所以即使“常识”中存在纰漏，我们也很难明辨。

为了不被荒谬绝伦的所谓“常识”而左右，我们需要在日常生活中不断地培养“超常之力”。如果按照以往的“常识”思考行动的话，必然面临种种束缚。习惯于循规守矩的人往往对超常现象束手无策。相反，如果我们具有敢于怀疑一切的“超常能力”，就可以易如反掌地颠覆“常识”，而不至于惊慌失措，为其束缚手脚。

总而言之，我们应该勇于舍弃束缚我们手脚的所谓社会“常识”。说到舍弃社会“常识”，有些人不免会担心地认为：“如果舍弃了一般公认的社会常识的话，势必影响自身与整个社会，乃至自身与他人的人际关系，从而使自身难以在整个社会中立足生存。”

我认为这种想法不足为取。如果我们练就了“超常之力”，我们就将明白超越所谓“常识”束缚的普遍真理的范畴，就能够以不变应万变。舍弃所谓社会“常识”的过程，就是培养“超常能力”的过程，也就是逐步确立自己人生恒常而坚定的“坐标轴”的过程。

不迷不惘度日

中国唐代的禅门名僧瑞岩师彦禅师的用功方法颇为奇特，经常将自身定位于现实世界的主人公，进行自问自答。比如，禅师首先大喝自问：“喂！你没有自己欺骗自己吗?”然后自己又大声自答：“没有！我没有欺骗自己!”通过如此反复地不断训练，从而确立了不为世间“常识”所束缚的人生坐标轴。

如果我们的精神世界被所谓世间“常识”所支配，

那么在日常生活当中只会以这种世间“常识”来对照自己的一言一行。但是，瑞岩师彦禅师绝不为世间“常识”束缚手脚，而通过经常面向自己的赤裸之心提出质问，进而导出正确的结论，奠定了自身毫不动摇的人生坐标轴。

关山慧玄禅师（1277～1360）活跃于镰仓时代末期至南北朝时代初期，为临济宗妙心寺开山祖师。当年关山慧玄禅师住的禅房只不过是一间破旧不堪的茅屋。某日，忽然大雨倾盆，禅房顶棚漏起雨来。关山慧玄禅师见状急声喊道：“唉！漏雨了！快把接雨的家什儿拿来！”禅师的话音刚落，只见两个徒弟一前一后，一个端来了水桶，一个抄起了笊篱。禅师非但没有表扬前者，反而夸奖了拿来笊篱的徒弟。

当然，如果根据禅房漏雨这一现状而端来水桶接雨，这是尽人皆知的常识。但是，问题在于面临突发的紧急情况，常识往往难于应付。关山慧玄禅师之所以夸奖那个抄起了笊篱的徒弟，就是因为他敢于打破常规，善于临机应变。

“快把接雨的家什儿拿来!”

这是一则按照常识道理难以解释的禅门话头。这则话头是在向我们揭示：在许多紧要关头，如果缺乏“超常之力”，则难以排忧解难。相反，如果迷信于所谓常识，往往受累于常识的羁绊困扰而误入歧途，而如果舍弃了常识，则将永远保持清醒的头脑，临机应变、百战不殆。

如何正视欲望

“什么是禅”，这是禅门僧侣经常被问到的一个大话题。说老实话，禅僧也好，俗人也罢，大概都很难圆满地解答这一棘手的“难题”。其实，这个难题的答案再简单不过了，那就是“本来无一物”，这就是禅的精髓。

众所周知，我们每一个人都是一无所有而赤裸裸地来到了这个世界上，随后又一无所持而赤裸裸地告别人世，即“赤裸而生，赤裸而死”。换而言之，我们是从本来一无所有的世界诞生而来，而后又回归一无所有的世界。如果切实地觉悟到了“人生”这一活生生的事实，也就可以说领悟到了“禅为何物”。答案其实就是这么简简单单、明明白白。

如果我们理解了人生这一真理，则将无所畏惧、勇往直前。但是，我们每个人都有七情六欲，都执著于形形色色的大千世界，这被视为人生来具有的本能。

我们看一下身边一些最为浅显的例子吧。不少人都渴望出人头地，升官发财。他们盲目地羡慕同事新近买房买车了，或者渴望朋友过着那种豪华奢侈的生活。所谓人，就是生活在这样一个充满欲望和执著的漩涡之中。

在我们的周围经常可以听到诸如“恬淡无欲”之类的说教，或者教诲世人要“斩断执著，舍弃欲望”。然而事实上，执著和欲望怎么能谈得上斩断消除呢？那么，我们究竟应该如何对待执著和欲望呢？

说到“欲望”二字，人们的头脑中一般总是抱有丑恶和污秽的印象，但是事实并非完全如此。有些人使用信口雌黄或招摇撞骗的卑劣手段，打着投资增值的幌子，蒙骗一些善良而无知的老百姓，从事非法集资活动，将非法所得用于满足自身的物质和精神享受，任意挥霍。毋庸置疑，诸如此类的欲望属于肮脏不堪、必须嗤之以鼻的卑鄙丑恶行径。

但是，人世间存在着与上述卑鄙而丑恶的欲望大相径庭的美好而善良的欲望，例如，生存本身就是一种欲望。呱呱坠地那一刹那间的哭啼，不就是渴望生存的无比美好而善良的欲望表现吗？

原始佛教经典《长阿含经》记载：释迦牟尼佛诞生伊始，即右手指天、左手指地而言“天上天下，唯我独尊”。所谓“天上天下，唯我独尊”，直译过来就是“唯有自己是世间独一无二的尊贵之人”。广而言之，就是“生命是世间独一无二、不可取代的宝贵之物”。可能有人不禁发问，刚刚诞生的婴儿怎么可能上指天下指地，信誓旦旦呢？这未免太富有戏剧性了吧？

身为佛教徒，我们一般把“天上天下，唯我独尊”理解为佛教的一个理念。这个理念表达了佛教徒对“宝贵的生命降临到了世间”这一事实的欢喜赞叹之情。

人，由母亲的怀中脱胎而出的这一瞬间，揭示了佛教“天上天下，唯我独尊”这一理念。我们在这里并不是主张释迦牟尼佛的诞生与众不同，而是强调不论男女贵贱之躯，自从诞生伊始，其地位就与释迦牟尼佛毫无二致。因此，我们可以毫无疑问地认为，“降临世间”和“顽强生存”本身就是毫无污秽的圣洁而美好的欲望。

那么，如何将这一圣洁而美好的欲望培育成熟，这就是摆在我们每一个人面前的永恒的人生课题。

舍弃我执嗔痴

人生在世，每个人都要肩负着种种负担，其中我执和欲望集中地代表了人生的万般负担。如果任凭那些肮脏的执著和丑陋的欲望压在自己的肩上，我们则将举步维艰、迷失方向。

所以，佛教倡导舍弃，通过不断地舍弃缠绕在我们身上的我执，卸掉重压在我们双肩的欲望，而一步步地靠近“本来无一物”的境界。

禅门中有这样一句名言：“无一物中无尽藏。”意思是说，世间万物，本来既无任何固定形态，也不受任何固定的框架所拘束；然而，整个自然乃至全部生活又都存在于一无所有的框架之中。只有不拘一格的胸怀坦荡者才能感悟到这样一个世界。

简而言之，“无一物中无尽藏”就是说，一无所有的世界并不是“零”的世界。打一个通俗的比方，如果一只茶碗中注满了白水或者茶水的话，就再也容纳不下其他的东西了。相反，如果是空空如也的一只茶碗的话，则可以轻易地将茶水注入其中。换而言之，“空”与“无”的世界，理所当然是一个至高无上的富饶世界，因为它可以容纳任何事物。

众所周知，《心经》全文虽然只有二百六十余字，但是其中出现过七个“空”字，二十一个“无”字，借以反反复复地阐述“一切皆空，一切皆无”宗旨至关重要。

将我们的日常心态保持在“一切皆空，一切皆无”

的境界，在“一切皆空，一切皆无”的境界中生存，这是一个使我们的心灵永远和谐、富饶、自由的至为理想的境界，这就是《心经》的精髓。

不争不气不恼

禅门中有一则名为“南泉斩猫”的著名公案。某日，东西两堂的僧众为一只猫的所属而争执不下，互不相让。南泉和尚见状后抓住那只猫说：“大众道得即救，道不得即斩却也！”东西两堂僧众闻之无言以对。结果，猫被南泉斩首丢弃。

在漫长的佛教史上，这则公案记述了僧侣首次杀生的经过。南泉和尚冒犯佛教“不杀生”大戒，意在通过处理一只猫这一形式来教诲执迷不悟的僧众：引起你们纠缠争执的罪魁祸首本来并不存在，只不过是幻觉而已。这场争执的根源就在于“你们”和“我们”这一自我意识。自我意识的不断膨胀而逐渐导致了双方争执的升级，进而使生灵消失在僧侣“杀生”行为之下。

南泉和尚将这只因争执不下而被劈成两半的猫比作“自我意识”，教诲启发僧众：如果斩掉了象征自我意识的这只猫，自我意识本身自然也就失去了存在的依据，即化身为“无”了。

换而言之，就是因为自我意识在作祟，所以东西两堂的僧众才会各抒己见：“我们是这样想的……”“不对！俺们的看法才是正确的……”从而争执不休，僵持不下。

我们知道，人是具有自我意识的善于思考的高级动物，思考是人类有别于其他动物的最主要特征之一。一般来说，善于思考被认为是人类的一种高尚行为。然而，南泉和尚则通过“斩猫”这一大逆不道的杀生行为，启示东西两堂僧众：由于自我意识的存在，所以世人才各自阐述自身的见解，从而判断正误曲直，借以支配自身的行动。实际上，这一切原本都是毫不存在之物，如果我们不执著于自我意识，则往往能够从彷徨和烦恼的迷惘状态中解脱出来。

其后，南泉和尚的弟子赵州外出归来，耳闻师父斩猫的来龙去脉之后，随手脱下已经踩得破烂不堪的草履顶在头上，然后一言不发地出去了。南泉和尚见状脱口而道："要是赵州当时在场的话，那只猫也就躲过斩首之劫了。"

为什么南泉和尚会赞赏弟子赵州的这番破天荒的举动呢？我们知道，草履本为穿在脚上之物，而赵州却本末倒置地将草履顶在了头上。"穿在脚上"和"顶在头上"这两个概念就意味着自我意识的"分别"。这一"分别"就是来源于"正确"和"错误"这一对概念的束缚。这就好比东西两堂僧众互相争执所体现的自我意识同出一辙。

赵州将草履顶在了头上之举，就是超越了"分别"，舍弃了自我意识之举。在南泉和尚看来，这只由于被斩首而自我意识荡然无存的猫又在弟子们的心中复活了。所以，他对业已抵达了无正无邪这一"无"的境界的弟子赵州的破天荒之举，心满意足，大加首肯。

如果赵州身处东西两堂僧众争执不下的场面，他将

“要是你在场的话，那只猫就躲过斩首之劫了。”

如何作答呢？可以肯定地认为，无论弟子赵州做出任何回答，都一定会使南泉和尚极力赞赏；那只引起东西两堂僧众争执而被杀生的“猫”，也一定会被南泉和尚当场放生，得以解脱。

在世为人，是难以将自我意识割舍放弃的，自我意识中滋生出了分别、迷惘、烦恼。正是由于将正与邪、善与恶、爱与憎、是与非乃至生与死等世间之物，区分为两个截然不同的概念，我们才会产生迷惘和烦恼。

如果我们清醒地明白了这一道理，挺身超越自我意识这一障碍，迷惘和烦恼则将消失得无影无踪。

抵达这一自由自在境界的唯一手段就是修炼。在日常生活中时刻牢记“超越”这一远大的奋斗目标，至关重要。

切莫道听途说

禅门中有“冷暖自知”公案。“冷暖自知”出自中国宋代禅僧无门慧开编辑的《无门关》。

这则公案的意思是说：眼前摆放着的器皿里的茶水是凉还是热，用双眼是分辨不出来的。无论具有何等有关茶的知识，任何人也不可能根据茶水的颜色或气味而做出诸如此类的结论："对，这种颜色说明茶水是热的"或者"不对，这个气味说明茶水是凉的。"

如果想要知道茶水是凉还是热，必须实际饮用一下才可以晓得。"品尝"这个过程本身就是禅门强调的体验实践的过程。如果连凡事要伸手动嘴去体验实践这个最基本的道理都不晓得，当然要挨禅师的拳打脚踢了。

参禅修道也正是如此。只有不断地实践，勇于挑战自我，超越一个个难关，才能逐渐地认识到自身的本来面目，回归自身诞生之初的本来面目，抵达悠然自得的境界。

这就是我们常说的修炼。为什么禅的修行，或者说佛教的修行具有永恒的魅力呢？这个魅力就在于通过亲身的实践经历所觉悟的经验实实在在，可以受用终身。

用我们现代人的思维方式来解释的话，从书本上获得的理论，与通过自己切身体验感悟而得的知识不可相提并论。只有通过自身反复思索和亲身体验而觉悟获得的理性认识，才是无价之宝。

如果称通过一般正常途径而获得之物为“知识”的话，那么通过自身思索体验而获得之物就可以称为“感悟”。理论知识绝不能代替自身体验所获得的理解感悟。

禅门倡导“实参实究”，即不仅研修经典，而且还重视坐禅，这是因为坐禅本身就是至为重要的实践。此外，禅门主张通过自身的体验培养为人的基本生存能力，强调通过眼耳等视觉听觉感官所获得的知识只不过是来自外界的信息，而通过自身实际体验获得的经验可以受用终身。

《无门关》序中有这样一句名言：“从门入者，不是家珍。”这句名言是在告诫参禅学人：道听途说，或者从书本上得来的所谓知识，并非真正的珍宝。只有通过自身亲自实践而获得的知识和经验才是无价之宝。换而言之，众生本具佛性，通过自身的实际体验而大彻大悟，至为重要。如若不明此理，反而向外寻求，终究一无所获。

如果搞不清这个道理，任凭书本理论支配自身，而自己不去实践体验的话，在漫长的人生旅途中难免出偏差、走歪路，或迟或早要跌跤碰壁。所以，熟知这一道理之人都将心血倾注于自身的实践和体验。

禅僧雪舟（1420～1506）被称为日本水墨画历史上的画圣，他就是一位极为注重实践和体验的楷模。

雪舟从十六岁至四十岁前后，一直在相国寺参禅问道，度过了漫长而刻苦的修行生活。但是，雪舟自身深感不足，终于离开了名山大寺，踏上了行脚游方天下的征途。

其后，雪舟又跨海西行，前往中国求法修禅，期望在实践和体验中检验迄今所获得的知识，力图将其化为自身的血与肉。可以肯定地认为，如果雪舟没有经历上述反复不断的实践和体验，也就不可能诞生改变日本水墨画历史的独特而大胆的构思，以及充满新鲜活力的手笔。

毫不畏惧失败

身为禅僧，必须要体验经历托钵化缘这一修行过程，托钵化缘就是一种知识的体验和实践。

一般来说，临济宗的僧侣每年大约将半年左右的时间用于行脚游方，托钵化缘。通过托钵化缘这一社会实践来接触市井百姓，实际见证百姓生活和社会状况，进而达到验证自身迄今从书本上获得的知识的目的。

此外，每年五月至七月间为“雨安居”，十一月至一月间为“雪安居”，这是修行僧隐居僧堂而闭门不出的时间。

在“雨安居”和“雪安居”期间，修行僧一边坐禅参学，一边反省行脚四方的日日夜夜，回顾行脚途中所遇到过的人、所经验过的事物，这也是使自身的境界得到不断升华的极为重要的过程。

毋庸赘言，我们将从书本上或通过其他途径间接获得的知识付诸实践之际，难免遭遇失败、遭受挫折。但是，我们决不可因此而畏惧失败。失败可以称之为赋予知识以实践的生命活力的一个重要的手段。

实际上，在日常的工作中，我们正是通过不断的失败而逐渐明了知识的运用方法，在不断的失败中找到解决难题的方法和捷径。这就是理解和领会，这就是觉悟。

我们通过书本或其他途径间接获得的知识，转瞬之间就会褪色，就会腐烂。然而，我们通过具体的实践所理解和领会到的方法和经验绝不会褪色，绝不会腐烂。我们在持续不断的实践和体验中，对迄今所获得的方法和经验加以验证和升华，进而成为我们人生旅途中不可替代的宝贵的精神食粮。

令人甚为遗憾的是，不少现代人只是急切地向自己的头脑中灌输知识，而轻视在具体实践中加以理解、领会和验证，这就是现代人的通病。

我愿意借此机会奉劝现代人：单纯地依靠自身头脑的记忆，绝不可能成为时代的强者！

舍弃一切私物

“流水不腐，户枢不蠹”，在世为人，我们应该不执著于一点一面，而应该超然豁达。

不执著于一点一面，经常变换活动方式，自由自在地行动生活，这是为人处世的准则。

作为禅僧来讲，就是要行脚游方天下，上求菩提，下化众生。释迦牟尼佛祖也好，日本禅宗史上的名僧梦窗疏石也罢，都是终生行脚游方四面八方，止住一地从未超过半年之久。

我认为：行脚游方四面八方，上求菩提，下化众生，这就是身为僧侣的社会使命。弘扬佛法，不能仅仅局限于佛堂，不能“坐等待客”。佛法是为了济度众生而存在之物，所以僧侣应该走出去，应该行动起来，与整个社会和民众同呼吸共命运。

换而言之，僧侣应该通过实践行动来接触社会和信众，通过诸如此类的社会实践而有所得。但是，我们绝不可将所得之物束之高阁，或固步自封于迄今为止所获得的经验。我们应该在实践中不断地加以去粗取精，不断地舍弃陈旧糟粕，这一点至为重要。

也许有人要问："好不容易才获得的知识和经验，怎么可以轻易地舍弃呢？太可惜了吧？"为什么应该不断地舍弃固有知识和既定概念呢？这是因为，只有通过舍弃，才有可能从执著中解脱出来。

那么，为什么不少人会觉得舍弃是"可惜"之举呢？这是因为这部分人心中存有"已经得到之物不属于任何他人，而只属于自己"这一观念。

但是，如果我们固执于"可惜"这一既定观念而不去舍弃，就不会进步，也不可能有所发展。

例如，学者努力学习研究、著书立说而有所成就，这些都是自身不断努力的结果。所以，不少人拘泥于"这是我自己确立的学说，这是属于我个人的成就"而绝不肯舍弃，固执于自身所确立的己见。

但是，我们都知道这样一个事实：所谓学说并非永久不变之物。一个世所公认的学说，往往经历了无数次反反复复的实践检验才能够得以确立，学术的进步就是通过这样的过程而取得的。

我们可以举出一个最简单的例子。如果“天动说”没有被推翻，也就不可能诞生“地动说”。如果执著于“所得之物，不可舍弃”这一观念，我们生活着的这个世界就不会进步，就不可能有所发展。

当然，我们不应该全盘否定“这是属于我的”或者“这是正确的”等诸如此类的见解。在坚持自身的主张见解的同时，我们还应该持有“这是正确的，但是也许会有出入”等诸如此类的姿态。换而言之，就是要具有“勇于舍弃的觉悟”。

不仅佛教，所有宗教都存在着如何解决执著这一棘手难题，因为执著是迷惘和烦恼之源。佛教极力倡导舍弃自我，但是这绝非一件轻而易举之事，因此必须持续修行终生。

托钵化缘是僧侣修行的一个必要手段。所谓托钵化缘就是走街串巷、深入市井，接受信众的布施。托钵化缘这一修行手段与舍弃执著有着至深的关联。

面对站立宅前的托钵僧侣，信众布施财物这一行动本身就是舍弃执著的过程。信众将原本属于“俺的东西”或者“我的东西”融入托钵僧侣这一行动称为“喜舍”，就是欢欢喜喜地奉献。因此喜舍就意味着舍弃执著，或者可以称其为积累功德。

佛教大力提倡“布施”，称佛教信众向托钵僧侣的布施为“财布施”，而托钵僧侣则向佛教信众行“法布施”。佛教信众通过“财布施”而舍弃执著即“所有欲”，并依此而积累功德，而僧侣为佛教信众提供舍弃“所有欲”的机缘，称为“法布施”。

实际上，托钵化缘过程中的“财布施”与“法布施”促成信众与托钵僧侣相互之间的联系，担负着中介桥梁的重要作用。

但是，今天日本佛教的各宗派中，唯有禅宗依然保持着托钵化缘的优良传统。佛教界中怠惰之风正在逐渐蔓延开来。

赤裸裸度人生

小和尚时代的托钵化缘、行脚游方的修行生活使我受益终生。我认为，禅僧的生存根基就是蕴涵于托钵化缘的修行经历当中。

至今，一定还有不少人对于三十年前年围绕“古都保存协力税”而发生的旷日持久的论争记忆犹新吧？

这场论证的导火索源于京都市政府。1982 年，京都市今川正彦市长发表了“关于征收古都保存协力税”的公告。公告主要内容为：每年参拜者达到两万名以上的神社和寺院，每张成人门票须向京都市税务部门上交五十日元古都保存协力税，儿童门票上交三十日元。由此，京都佛教会与京都市政府之间展开了长达十七年的对立抗争。

京都市政府有关部门所依据的观点主张：从城市开发与建设的角度来衡量，佛教寺院及神社等宗教设施的经济效应正在逐年下降，所以必须采取相关法律措施纠偏。对此，我们佛教界认为：不能将宗教设施与所谓经济效应相提并论。宪法规定政教分离，保护宗教信仰自由。前来京都市旅游观光的国内外游客每年多达三千八百多万人次，这些国内外游客的主要目的，都是前来参拜佛教寺院，所以由此而产生的经济波及效果是不可低估的。如果京都市面临财政税收难题，我们佛教界可以考虑通过向市政府捐款的方式，帮助解决难题。但是，我们佛教界充满诚意的提案被京都市政府有关部门拒绝了。

我们佛教界认为，向宗教设施征收所谓“古都保存协力税”这一问题的实质在于，它违反了宪法所规定的“信教自由，政教分离”的根本原则。京都市向参拜宗教设施的行为征税这一主张，直接侵犯了国民信教自由的基本权利。佛教寺院的所有建筑设施，乃至寺内的一草一木都是佛性的具体显现，参拜佛教寺院活动的本身就是一种宗教行为。毫无疑问，向上述宗教行为征税，属于彻头彻尾地侵犯了受到宪法保护的宗教信仰自由的暴举。

此外，当时每年来访京都的观光游客达到三千八百万左右，这些游客的主要目的就是参拜寺院和神社，向观光游客征税无疑是对招揽游客来访计划的倒行逆施。

1983 年，京都市正式通过了“关于征收古都保存协力税条例案”，并且不顾有关寺院的强烈反对，于 1985 年开始实行。对此，我担任理事长的京都佛教会曾经前后三次采取了“谢绝参观”这一消极的自卫手段。虽然最后采取“谢绝参观”自卫手段的寺院只有十一所，但是由于媒体加以大肆渲染，而在整个日本社会引起了极为强烈的反响。

当时，一个原日本大藏省出身的旧友前来拜访我，见面一开口就劝我说：“你们寺院关上了门，不仅门票收入来源没有了，而且银行也不会继续借给你们寺院钱了，还是尽早把门打开为好！”

听了旧友的这番话，我当即反唇相讥道：“你以为我们寺院指望着你们银行的借款吗？别做梦了！我们出家人还有一个绝招，那就是托钵化缘。你们银行借给我们钱也好，不借给我们钱也罢，我们托钵化缘，靠要饭吃也能活下去。”这个昔日的官僚碰了一鼻子灰，垂头丧气地走了。

京都佛教会采取的抵制行动，导致了前来京都观光旅游的客流量大幅度减少。此外，客流量的减少对设置于各寺院门前的礼品店以及饭店旅馆的营业额都产生了极为深刻的影响。

京都，作为一座世界闻名的旅游观光城市的形象受到了严重的损伤。1988 年，京都市制定的“古都保存协力税”出笼实施还不到三年，就自行废止了。事态的结局，证明我们京都佛教会所采取的“谢绝参观”这一自卫手段达到了预期的效果。

托钵化缘，这是身为僧侣的本分，如果我们理解体会到了这一点，我们则将无所畏惧。换而言之，我们不论在任何时候，都可以将手中的既得之物舍弃得一干二净。

因此，我希望学佛之人务必要把“本来无一物”这一禅的精髓安放在心灵的某一角落，因为禅的这一精髓将引导我们远离执著，将使我们深谙“即得即舍，得而舍之”这一生存之道，活出洒脱自在的自我。

不恋身外之物

在世为人，任何人的头脑中都可能曾经存在过这种思维方式，即一旦得手之物，就绝不打算轻易放弃，就绝不想得而复失。

同时，在这种思维方式的支配之下，得到手里的东西越多，就会变得越发贪得无厌，这就是“所有欲”。不少人都会觉得这种“所有欲”毫无止境，欲罢不能。

当今，人类社会已经进入高龄社会，“人生七十古来稀”已经成了陈词滥调，日本人的平均寿命早已超过了八十岁。随着寿命的延长，一生中到手之物越来越多。

我们刚才已经谈到，人死如灯灭，任何人都是赤裸裸而来，赤裸裸而去，任何人都不可能把心爱之物攥在手里离开这个世界。这就是人类生存消亡的法则，任何人也不可能抗拒。

人人都是赤裸裸而亡

赤裸裸，就是一无所有；一无所有，就是“无”；无，就是人的根本。

然而，世人却基于“自我”之心，将世间之物划分为“这是俺的!”或者“那是我的!”。自我本身一无所有，当然不会有属于自我之物，所以只不过是自己的幻觉，只不过是自己的一厢情愿而已。人生在世，一切都是身外之物，一切都是借来之物。

将借来之物紧紧地抱在怀里，为身外之物劳神费力、玩弄戏谑、寝食不安；这个世界因此而物欲横流，这就是现代人的真面目。

如果我们将“不想放手”或者“不愿失去”这种陈腐观念毅然舍弃的话，我们则将得到彻底解脱，成为自由自在之身，一个前所未有的崭新世界则将展现在我们的面前。

说到舍弃，不少人可能误解为舍弃那些日常生活的必需品，什么汽车呀，房子呀等等。所谓舍弃，绝不是舍弃这些日常生活中必需的物质。即使舍弃了这些日常生活的必需品，这个世界也绝不会因此而发生任何变化。

换而言之，舍弃具体的物质，还是持有具体的物质，没有任何关系。所谓“舍弃”，意味着具有“舍弃之心”，这完全是一个精神层次的问题。

如果我们领悟到了世间的任何东西都不属于自己的话，就会自然得出这样一个结论，即“整个世界都是属于我的”。既然你已经拥有了整个世界，那还有什么可怕的呢？“地位？”地位算什么？“地位”两个字又不能填饱肚子；“金钱？”金钱算什么？金钱这东西在地上滚来滚去。

我们生存着的这个世界上只有男人和女人两个性别。窈窕淑女君子好逑，没有人会厌恶婀娜靓丽的美女吧？虽然你还没有挑中一个固定的女性伴侣，但是世上的所有女性都可以成为候选人。

下面我讲一个笑话。不少人知道我是独身一人之后，总是喜欢打听：“管长，您为什么还是独身呢？”（日本僧俗的日常生活基本相同，唯独位于禅宗管长地位的高僧一般由未婚者担任——译注）。听到诸如此类的问话，我总是“认认真真”地回答：“你怎么那么糊涂呀？我觉得这个世界上的女人全都是候选人!”

换而言之，属于自己的东西一无所有，但是世上的一切都属于自己。持有这种观念之人，一定会心态祥和，为丰富多彩的领悟所润泽。

那么，人生在世是否“一无所求为好”或者“不能持有任何欲望”？否！这绝不是我们倡导的“舍弃”精神的实质。

首先，为人在世，谁都不可能根除欲望，设法满足欲望（烦恼），这就是人的本能。

人间烦恼之最就是“四苦八苦”。“生老病死”之“四苦”加上“爱别离苦、怨憎会苦、求不得苦、五阴盛苦”。其中“求不得苦”便是众苦之源。因为有所求、有欲念，所以才会有爱有恨，有爱有恨才会有生老病死。

所谓“少欲知足”这句话是在告诫我们，欲望要适可而止，重要的是要懂得知足。用适可而止的欲望来满足自身的本能要求，意味着不为周围环境所左右，根据自身的能力及客观环境而量体裁衣，把握自身的命运。

如果不懂得这个道理，放纵自身的欲望毫无休止地膨胀下去的话，美好的理想与残酷的现实之间的落差则将日益扩大，最终堕入欲望的深渊而不能自拔。我们都知道，所谓欲望可以成为推动自身前进的动力，但是如果欲望超越了现实，则永远不会得到满足。长此以往，幸福的动力则将转化为厄运的开端。

为了脱离厄运，转祸为福，首先要有自知之明，也就是说要根据自己的身材去调整欲望的“尺寸”。如果不量体裁衣，利欲熏心而放任欲望无限膨胀，幻想成为所谓日进斗金的“暴发户”，则将作茧自缚，或心生邪念，或欺世盗名，或铤而走险，踏上不归之路。

既然一切本来并不属于自己，那么得到也好，失去也罢，其本质毫无差异。正如赤裸裸而生、赤裸裸而亡，其自然规律亘古不变。

把握当下瞬间

一般来说，我们采取一项具体行动之前，总是要精打细算，力图通过实际行动得到一个较为完美的结果。“怎样才能做得更出色呢?”或者“是不是还有其他更好的方法呢?”人们总是如此思前想后，举棋不定。我认为这种做法不足为取。

开创了室町幕府（1336～1573）的足利尊氏将军的胞弟、南北朝时代（1336～1392）的武将足利直义曾皈依相国寺开山祖师梦窗疏石国师（1275～1351）参禅问道。作为搏杀于动荡不安的战乱社会的武将，足利直义对整个现实社会乃至自身的未来终日惶恐不安。于是，他就此向梦窗国师虚心求教：“国师，弟子是否应该将整个身心都倾注于参禅问道呢?”梦窗国师回答道：“别无工夫，放下便是!”

梦窗国师借用这句禅语，告诫这位武将弟子：你不需付出任何特殊努力，你完全没有必要怠慢或者舍弃你的本职而勤于参禅修行。只要舍弃执著之念，淡泊名、利、权、情，就能放下身心世界；以平常心行路，就一定会心宽路广。如果你奔赴战场之际，就应该身心俱空，轻装上阵，果敢厮杀。

足利直义闻之茅塞顿开，辅佐胞兄足利尊氏，为创建室町幕府发挥了卓绝的才干。

简而言之，我们无论做任何事情，都应该把握当下，而不应该瞻前顾后、畏头畏尾、故弄玄虚。但是，面临眼前需要解决的问题，我们的头脑中总是要涌出各种想法和顾虑，这就需要我们学会“放下”和“舍弃”。如果借用现代语言来解释的话，就是要彻底地抛弃“先入观”。

《临济录》中记载了临济禅师这样一句名言：“随处做主，立处皆真。”这就是说：不论置身于任何客观环境，都不要受客观环境和自身主观意识的影响和支配而随波逐流，都不要迷失自我。

简而言之，在任何时间、地点都不受人、事、物的影响而随波逐流、摇摆飘动；心中清清楚楚、明明白白、稳稳当当的人，才能随处做主，主宰自身的命运。

置身于千军万马的沙场能否随处做主？身处沙场，只有两条道路可供选择，或者奋勇杀敌，或者束手就擒。如果能够随处做主，就会一心不乱，奋勇杀敌陷阵。如果能够随处做主，处处就将显示真实的本来面目。

所谓“真”就是没有你我、是非、利害、得失，也就是超越常情和凡情，凡情就是烦恼和执著。如果抵达了“立处皆真”的境地，就绝不会远离真理，就将无往而不胜。

在世为人，任何人都可能身处各种各样难以预料和想象的客观环境。不论遭遇任何逆境，我们都要无所畏惧、勇往直前，牢牢地把握自身的命运。

禅门中还有这样一句名言：“步步是道场”，意为自己所行走的人生之路，每一步都是修行的道场，所以没有必要瞻前顾后、左顾右盼。只有义无反顾、勇往直前，只有一步一步、扎扎实实地向前走下去。

我本人曾经有过这样一段苦涩的经历。当年，日本著名歌舞伎演员坂东三津五郎先生（1906 ~ 1975）在京都的歌舞伎剧场“南座”登台公演《利休》期间，我们在京都市内的美术古董店不期而遇了。

坂东三津五郎先生和我闲谈时，提到他曾经看过临济宗名僧梦窗疏石禅师书写的墨宝。于是，我就告诉他：

我们相国寺保存着梦窗疏石禅师“墨迹”的最高杰作“别无工夫”。坂东三津五郎先生听说之后，马上张口请求我为他临摹一幅“别无工夫”。听到坂东先生诚恳的请求，我当时一口答应了下来。

但是，我过后动手临摹起来，却无论如何也写不出称心如意的“别无工夫”这四个字来。后来，我反反复复地练习了很长时间，还是一直没有交出这份“作业”。不久，传来了坂东三津五郎先生突然逝去的噩耗。原来，被誉为美食家的坂东先生一个人吃了四个人份的河豚肝，不幸中毒身亡。

在亡友的灵像前，我悔恨不已。由于自己瞻前顾后、缩手缩脚，最终没有能够满足坂东三津五郎先生的愿望。

至今，我还一直在想：如果当年我能够毫不在乎临摹效果的优劣，心中无所图而一气呵成，挥笔而就奉送给坂东三津五郎先生的话，坂东先生一定会格外欢喜。但是，我却煞费苦心、绞尽脑汁地浪费“工夫”来临摹“别无工夫”这四个字，当然绝不会有所收获。

相国寺开山祖师梦窗国师记载于《梦中问答》中的

座右铭“别无工夫，放下即是”，寓意深远。禅语中的“工夫”与日语一般场合所表示的“创新钻研”意思不同，而是“精修佛道”之意。所谓“别无工夫”就是说：为了修行而专心致志地付出的努力毫无意义，而要顺其自然，一股劲儿地朝着眼前的目标精进不息。所谓“放下即是”就是要求我们舍弃我执，放下身心，形成一无所有的精神状态。

从坂东三津五郎先生交给我的这份沉重的“作业”中，我得到了难得宝贵的启发和深刻的教诲。

从此以后，我处处身体力行地实践开山祖师的谆谆教诲，把握当下，当机立断，不去浪费任何“工夫”。

我周围的朋友或信徒经常向我请教有关人生的哲理，并时常询问：“您的座右铭到底是什么呢？”每逢遇到这个问题，我总是毫不犹豫地答道：“别无工夫。”

对于任何人来说，将纠葛在心底的“私心杂念”完完全全地舍弃，并非一件易事。但是，如果因此而不去努力实践，而墨守成规，则将不会产生任何变化。

我们应该时时刻刻将抛舍“私心杂念”作为人生的

一大课题。只要我们将“别无工夫，放下即是”牢牢地铭记在心，我们就不会在人生的道路上产生迷惘和出现失败！

莫求感恩回报

世人一般认为，人的行动能力产生于具有某种目的之时。

也许事实的确如此。一般来说，如果不设定某种目的或目标，人们往往不付诸实际行动。但是，我认为问题的关键在于目的的实质。

我本人兼任着社会福祉机构的理事长，该机构下设四所社会福祉设施，日常运营主要依靠来自社会各界的捐款。

说老实话，我这个理事长的主要任务就是“敛钱”，即负责向社会各界募集捐款。由于我身在其位，所以经常有不少人开着高级进口车前来捐款，往往一次就捐出上百万日元。

前些日子，有一位长者来到我住持的寺院，拿出一百万日元对我说："这是我的微薄心意，请一定收下！"说完就马上告辞了。过了两三天，这位长者打来了电话："对不起！前几天我捐献的那笔钱，忘记要收据了……"

按照常理来说，这是一种失礼的行为。为什么要这样说呢？因为所谓捐献本来是"喜舍"即"布施"之意，是一种脱离了自身欲望的行为。换而言之，通过喜舍自身固有及曾经追求过的欲望而积累功德。但是，这位长者无非是想通过"捐献"这一手段，达到节税的私利。

我并不是在指责索要捐款收据这一行为本身，而是想指出，怀有节税目的而捐款这一行为本身，与捐款的真正目的已经大相径庭了。

虽然这位捐款者的做法有违常识和惯例，但是，作为接受"喜舍"者，我当即在电话里向长者表示歉意，并随即把收据寄给了对方。

简而言之，企求"回报"这一行为本身，有违于慈善捐献精神的本质。

当年，达摩大师泛海东来，于梁大通元年（527）抵达中国的广州。梁武帝萧衍素信佛法，闻之欣喜万分，立即诏见。

梁武帝在位期间，大造佛寺、抄写经卷、度僧无数。他还几次舍身寺中，令王公大臣出钱赎买，以赎身钱为布施之财。在梁武帝看来，自己如此扶持佛教，必然是功德无量、福报无穷。所以，当达摩大师一到，梁武帝便提出了这个话题。

他问达摩大师说："朕一生造寺、写经、度僧，难以数计，可谓用心良苦。朕这样做的功德如何？"武帝此问，实际上是向达摩大师显示自己的功德。岂知达摩大师却回答道："陛下如此作为，只不过是世俗琐事，毫无功德！"

达摩大师是在借用"无功德"这句话来质问梁武帝："难道你造寺、写经、度僧，都是为了获得功德吗？"并告诫梁武帝："不企求任何回报，不企求任何功德的行动才是真正的功德。"

“自己究竟有何功德?”

“一无所有!”

在中国历史上，梁武帝被称为“佛心天子”，从中可知他是一个信仰笃深的佛教徒。然而就是这位“佛心天子”却搞错了布施喜舍的本来目的。

也许有人这样认为：“为了他人的幸福，我已经竭尽了全力，所以理应得到某种回报。即使得到了某种回报，也是无可非议的吧?”

我认为，事实的确如此，一般人大多都会这样考虑。但是，因为如果不以“无心”而为的话，将难以达到本来的目的。所以，如果“有心”捐献的话，以“无心”付诸行动为佳。

每当我伸出双手接受捐款之际，总是要叮嘱捐款者说：“既然是捐献，就请不要期待通过捐献而获得各种形式的回报!”听了我的这番叮嘱，不少人的面部表情都不甚欣然。但是，反复捐献过若干次的捐款者似乎逐渐理解了我的意图，利利索索地将捐款撂下后，转身就告辞而归。我认为这种行动说明，捐献者已经达到了一个崭新的思维境界，而只要达到了这一境界，就一定能获得心灵的解脱。

通过自身的某种行动来企求回报的思维方式，体现了人性中卑劣而贪婪的一面。如果我们能够毅然决然地舍弃这种思维方式，就将不为任何多余的烦恼而摆布，清幽自在地生活度日。

梁武帝与达摩大师的对话之际，还向达摩大师问道："如何是佛法圣谛第一义？"也就是在问佛教的终极真理是什么？对此达摩大师答道："廓然无圣。"所谓"廓然"就是宛如清澈蓝天、万里无云的境界。借助"廓然"一语，达摩大师在告诫梁武帝：如果比作功德，毫无追求功德之心即"无"，才是最大的功德！

梁武帝闻之又追问道："对朕者谁？"这是在诘问达摩大师："在朕面前的你是何人？"达摩大师泰然自若地答道："不识！"梁武帝吃了达摩大师"不知道"这一闭门羹，甚为懊恼，便令人送达摩大师出宫，任其漂泊天下去了。

去过印度旅行的人都知道，在印度到处都可以见到沿街行乞者。当有心之人把钱物送到他们手上时，换来的却是一副麻木不仁或理所当然的冷漠表情。仿佛"有产阶级”向“无产阶级”捐献和布施是天经地义之事。也就是说，因为喜舍即意味着积累功德，所以施舍者应该向受益者道谢。

当然，即使这种场合也绝不应该企望通过喜舍而积累功德。如果你做到了不求回报，而只是单纯地将所持之物施舍出去，那么你就称得上是一个高尚之人了。

我们在日常生活中经常向他人赠送物品或宴请款待他人。不可否认，有些人是在“我今天善待他人，日后他人也一定会回报于我”的想法支配下而行动；有些人则不图任何回报，完全站在对方的角度而思考行动。

出于自身的某种利益和打算而施舍者，经常因为自身所期待的目的落空而迁怒于他人。他们的人生充满了由期待转向失望的恶性循环。比起这种人来，那些毫不考虑计较个人得失回报的施舍者却经常得到他人相助，或常逢“好运”。

人，本无圣俗与贵贱之分，只是各自拥有各自的生命而已。这就是达摩大师“不识”的本意。

如果我们珍惜生命，不图任何回报，全心全意地奉献自身，这就是“功德”。如果遵循无所期待、无所企求这一准则而生活，我们就将从无数沉重的精神和物质枷锁中解脱出来，而获得人生的自由。

积累世间阴德

我们周围的不少人被称为“品德高尚者”。所谓“品德高尚者”究竟是一副什么样的面孔呢？理所当然，由于价值观的差异，对所谓“品德”的认识也自然不尽相同。

例如，不少人为了社会慈善活动捐献了巨额善款。毫无疑问，为社会慈善活动奉献爱心、捐献善款，可以视为具有“高尚品德”之举。但是，我们不能赞赏类似“表面文章”的言行举动。如果将这种“高尚品德”大肆宣扬、高调示人，则将功亏一篑。在他人面前，任何人都会装模作样、争做好人，这就是人之所以为人之处。

我认为，比起“表面文章”，更为重要的是在任何人也注目不到之处，你在做些什么？你能做到什么？

近来，时常有些人大张旗鼓地宣扬自己为他人和社会付出了多少劳动，做出了多少贡献等等。我不敢苟同这种作法，这种作法无论对自己，还是对社会都是有害无益的，其本身已经脱离了“高尚品德”的范畴。

简而言之，通过自身的捐献行为而生出“最近，我做了这些好事……”或者“这几年，我从事社会慈善活动，获得了这么多奖状。”等诸如此类的自吹自擂的“豪言壮语”，将使自身的善举离“高尚品德”越来越远。

我认为，能否做到即使想宣传也不去诉说，甘做默默无闻的幕后英雄，这才是决定是否是“品德高尚”的试金石。

佛门称在他人难以见到之处，承担他人不愿为之的琐碎杂事所积累的“功德”为“阴德”。所谓“积阴德”，也就是说要做“无名英雄”。在大庭广众之下行善助人不难，在背地里默默无闻地行善积德不易。高调展示自己“善行”的招摇过市之举是不可取的。

不断地积累“阴德”的过程，就是进一步深化和发掘以及完善自我的过程，也就是所谓“修行”的过程；不断地积累“阴德”的过程，就是不断地舍弃执著和烦恼的过程。

期待自己所做出的善举受到他人与社会的评价和称赞，这是欲望之心在作祟，即所谓“名誉欲”或“名声欲”。欲望就是执著和烦恼的代名词。因此，如果不舍弃欲望，就不可能积累“阴德”。

我本人兼任一所弱智儿童保育院的理事长，经常受理社会各界人士捐款事宜。但是，据我多年的观察，恭敬地把捐款交给我，转身而走者凤毛麟角。换而言之，几乎没有人捐款之后不报姓名而悄然离去。

对于捐款的承受者来说，不论任何形式，不论数量多少，都是难能可贵而值得感激的善举。但是，在助人为乐、奉献爱心的具体行为之中表露出来的人格差异，使我不能不为之感到些许遗憾。

由此可知，积累“阴德”并非一件轻而易举之事。

在弱智儿童保育院长大的孩子，最终还是要依靠自己，走向社会。那是夏日的某一天，从保育院出去的一位毕业生用卡车拉着满满一车的西瓜，突然赶来探望保育院的老师和同学们。

老师和同学们马上围拢上去，七舌八嘴地问道："这么多西瓜啊！怎么了？"于是，这位青年满怀深情地讲起了盛暑时节在保育院分吃西瓜的情景。他说："当年的情景，我至今记忆犹新、历历在目。当时，一个西瓜总是切成八等分，八个人分吃，而我们都是食欲旺盛的儿童，所以每次都吃不够。当时，我经常想：什么时候能够请大家敞开肚皮，美美地吃上一顿西瓜呢？等我长大成人，能够自食其力以后，一定请大家吃个够！今天，我终于如愿以偿了。我太高兴了！谢谢老师和同学们！"

看到眼前的一幕，我不禁感慨万千。应该表示谢意的是我们这些能够尽情地品尝西瓜的人。香花结缘，瓜熟蒂落，弱智儿童保育院终于培育出了知恩报恩的新一代。

时光与这位青年的记忆重合在了一起。也是火辣辣的阳光烧灼着地面的炎热的夏日，他汗流浃背地驾驶着装满西瓜的卡车，长途跋涉亲自送到了保育院。我触景生情，深为感动，油然生敬。

“什么时候能够请大家敞开肚皮，美美地吃上一顿西瓜呢？”这位青年在自己的胸中一直牢记着当年善良而美好的夙愿。为了实现这个夙愿，他一直持续不懈地努力到了今天。通过自己双手的辛勤劳动，终于实现了自身的夙愿。

在这位青年身上，我们看不到期待表扬和赞赏等一丝一毫的“私心杂念”。

这位青年的头脑中，只是洋溢着“实现了少年时代的夙愿”所换来的无比喜悦和满足之情。

虽然这位青年的这一举动并非不为人知，但是这一善举无疑也是积累“高尚品德”的行为。

他的美丽心灵在我的胸中熠熠生辉。我欣喜若狂，再也按捺不住内心的喜悦和激动，高声而呼：“谢谢你！加油！加油啊！”我不尽欲言，最终从嗓子里却只冒出了这两句话。

保育院的孩子们扬起满嘴塞满西瓜的幸福笑脸，目送着青年驾驶的卡车渐行渐远。

第二章

莫向外求

不拘其一而为

我经常遇到这样的质问：“你们僧侣总是口口声声地说‘不可执著于一物’，那么我们平时经常挂在嘴边的‘专心致志’不就是执著，不就是专心于某一事物吗？难道‘专心致志’不宜提倡吗？”

生活中的确如此，我们每个人几乎都是在父母或者老师的“专心致志学习”或“专心致志练习”等诸如此类的督促声中长大成人的。也就是说，教育者与被教育者都在“专心致志”上费尽了心思，饱尝了苦头。

一般来说，“专心致志”被认为是值得赞赏之举。所以，每逢失败，就会被指责为缺乏注意力，而如果获得了成功，则被认为是注意力集中的结果。“专心致志”

被频繁地应用于鞭策和激励的场合。

那么，事实的确如此吗？如果我们仔细地分析一下就不难发现，过于“专心致志”有时可能导致陷入拘泥执著于某一事物的被动状态。

例如，孩子如果过于集中精力于学习或考试，则势必不同程度地影响身心的健康发育。成人如果过于集中精力于某一项工作，则势必影响整个家庭生活的正常运转。许多人为公司忘我献身，兢兢业业地集中精力几十年，退休后难免不适应现实生活，摆脱不了精神上的空虚。

如果过于驱使自己“专心致志”于某一事业，经过反复刻苦的努力而没有取得预期的成果，则往往容易使人陷入迷惘而丧失工作热情，进而导致意志崩溃。一般认为，所谓“心身衰竭综合征”与过于“专心致志”不无关联。

说到“专心致志”，禅宗修行的重要手段“坐禅”的目的，就是促使修行者集中精神。那么，下面让我们一起来看一下“坐禅”与“集中”精神的辩证关系。

有过坐禅体验的人都知道，在坐禅过程中做到“集中”精神并非一件容易之事。当你力图集中精力专心打坐时，种种意念将会在你的眼前此起彼伏，循环往复，不断出现。虽然有时会万念俱失而达到所谓“无我”的状态，但这种状态并非持续永远，有时可能转瞬即逝，又返回了精神松弛涣散而漫无所求的境界。

坐禅时使用“香板”来击打坐禅者的肩膀，其目的就在于用击打这一瞬间动作来唤醒扩散怠慢了的神经。由“扩散”到“集中”，由“集中”到“扩散”，如此循环往复。所谓“集中”只不过是短暂的瞬间。

可以说，我们每个人的日常生活都贯穿着由“扩散”到“集中”，由“集中”到“扩散”这一自然法则。比如，我们的日常生活都离不开清洗和打扫，但是如果你从早到晚集中精力于清洗和打扫，则将失去生活的实在意义。

事实上，我们在日常生活中将精力不断地分别集中于饮食、交际、工作、运动、睡眠等等，如此循环往复。换而言之，“集中”转换为“扩散”，而“扩散”又为持续不断的“集中”创造了客观条件。如果过于专心致志于某一事物，就不可能达到转换的目的。

俗话说：“万物流转。”这就是说，世间事物瞬息万变，周而复始，无穷无尽。人生当然也是如此，为了生存，人不仅要依靠自身的意志来变革周围的客观环境，而且要不断地适应周围的客观环境而改变自身。

我们要学会善于调整自身的心态，不执著于某一状态而止步不前。所谓调整心态的过程就是由“集中”到“扩散”，即由“点”到“面”，在一次次瞬间集中的循环往复的过程中不断地完善自我，从而达到自由自在地生活之目的。

人生日日好日

常言道：人生七十古来稀。虽然人类社会已经进入高龄化社会，但是人一旦跨入五六十岁，往往会自然地产生似乎望到了自己人生尽头的感觉。

因此，不少人经常自言自语地说：“唉，到了这把年纪，剩下来的余生也能猜个八九不离十了。反正想干的都干了，人生就要谢幕了。”我认为，这种主动地宣告了自己的“死刑”的人生观可悲至极，不足为取。

有生之年，绝没有所谓“夕阳日下”之年，生命里程的任何阶段都是“风华正茂”之日。

京都大学曾经有一位德高望重的心理学教授，名叫佐藤幸治。这位佐藤教授是一位性格较为孤僻的学者。

佐藤幸治教授去全国各地讲演时，总是随身携带一个小铜铃，摆到讲坛上。每当讲演开始和结束之际，佐藤教授总是摇动铜铃，告知台下听众，仿佛禅僧游方说法一般。

佐藤幸治教授去世后，他的妻子突然前来拜访，向我倾诉了一个“秘密”。她满脸忧愁而不无遗憾地对我说：“我跟随丈夫一辈子，却从来没有遇到过一件开心事。”言外之意，“我这辈子就要这么稀里糊涂地过去了，可怜极了！”

过了一些日子，这位佐藤夫人突然来访，她春风满面地向我介绍了自己最近一个时期的日常生活。原来，有一天佐藤夫人在街上闲逛，偶然间一个绘画工作室的招生广告映入了眼帘。为了消磨时间，她便好奇地就按照广告的介绍，前往见习参观。进了绘画工作室一看，没想到里面坐的学员都是二三十岁的年轻人，不免十分尴尬和失望。在绘画工作室指导老师的劝说下，佐藤夫人站在一旁静静地观摩了起来。看着看着，不禁生出这样一个念头："原来绘画工作室学员的绘画水平不过如此，画的都是一些毫无生趣的题材。我也要加入进来，和他们比一比！"她略为兴奋地告诉我："下星期，我就去办理有关加入手续。"

佐藤夫人终于加入了绘画工作室。大约半个多月以后，她给我打来电话："大和尚，我最近画了一幅画，请您有时间的时候，过来指点指点。"

佐藤夫人家就在相国寺附近，我接过电话马上就去打扰。走进佐藤夫人的"工作室"，只见一个女人的硕大臀部镶嵌在一个大画板上，原来佐藤夫人画的是一幅抽象画。

“哇，好大的一个臀部啊！”当我把自己的第一印象毫不隐晦地告诉佐藤夫人后，她对我说：“大和尚，我现在每天都沉浸在习作的无比快乐之中。有生以来，我第一次觉察到了绘画的乐趣。”

原来，佐藤夫人从无所事事、虚度光阴的日常生活中苏醒过来了。佐藤夫人在迄今与自身无缘的绘画世界中找到了属于自己的五彩缤纷的世界，寻觅到了人生的真正乐趣，每天兴趣盎然地和绘画板打起了交道。

现在，佐藤夫人的身上看不到一抹“夕阳日下”的色彩。我深深地感到：过去一直身为大学教授妻子的佐藤夫人，今天仿佛生活在另外一个截然不同的世界。

人生在世，不能盲目地以年龄来制约自身的行动，不论多大年龄，都可以寻觅到一个崭新的世界，在这个崭新的世界中大展宏图。

“已经这把年纪了，没什么可做的了！”我们绝不可自己给自己“盖棺定论”。不论任何事物，哪怕只有一件也好，如果我们不去亲身挑战，崭新的世界就永远不会呈现在我们的面前。

让我们从碌碌无为的凡庸生活中苏醒吧！不论绘画、书法，还是俳句、短歌，摆在我们面前的世界丰富多彩。只要我们抛弃先入观而勤于耕耘，那么不论多大年纪，不论何时开始，我们都将有所收获。如果仔仔细细地品味色彩斑斓的人生，就将使“夕阳之歌”更加响亮动听，更加回味无穷。

老衲虽然不学无术，但是想做的事却堆积如山。所以，我一时半晌还离不开这个世界。

增自信莫攀比

几年前，“胜者”和“败者”这两个概念被日本媒体炒得沸沸扬扬。所谓人生的“胜者”到底用什么尺度来衡量呢？按照媒体制定的标准就是淘了几桶金，赚了多少钱，积累了多少资产。说到底，就是以金钱的多寡来衡量一个人在事业上成功与否。

我个人认为，如果单纯地用金钱和财富来衡量人生价值，并为实现这个所谓的价值而疲于奔命，其结果，将使自己迷失人生方向而误入歧途，难以自拔。

我有一些信息产业界的朋友。当年，在泡沫经济的年代，我曾经出席过几次这个行业的集会，并应邀做讲演。在这些自诩为“时代宠儿”的人面前，我毫不留情地指出：“在座各位都是时代的‘胜者’，都是信息产业界的精英。但是，我认为这块‘胜者’的招牌终究不过是一场‘梦幻’。所以，我奉劝各位要认清时代潮流，把握自身的命运。”

我的这番话刚一落音，整个会场一片哗然，台下的精英们几乎个个面露嗔色，那一副副不可理喻的表情好像在严词质问：“这个秃头和尚，在台上胡乱唠叨些什么？”时过境迁，当年不可一世的“胜者”，今天不少人已经沦为了“败者”。

当年，在媒体的大肆渲染和蛊惑下，一部分自认为“败者”的人削尖了脑袋，拼命赚钱来增加收入，力图早日步入“胜者”的行列；而一部分自诩为“胜者”的人则为了不再沦为“败者”，惶惶不可终日，处心积虑地去维持“胜者”的门面和地位。这也就是说，不管是“胜者”也好，还是“败者”也罢，只不过是一对孪生兄弟，他们的内心深处都充满了忧虑和不安。换而言之，所谓“胜者”和“败者”只不过是自身的主观臆断。

如果我们明白这个道理，我们就会胜而不骄，败而不馁，不论身处任何环境，都将泰然自若。

当然，我们在日常生活中都会由于成功而趾高气扬，或由于失败而垂头丧气。在成功的瞬间，我们可以尽情振臂欢呼；在失败的时刻，我们不妨大肆宣泄恼丧。

但是，我们要在接下来的瞬间将所有的一切全部忘却，将所有的一切全盘舍弃。勇于忘却和舍弃之人，才是时代的弄潮儿。

我们生活在大千世界的人群之中，所以总是要拿自己与他人相比，我们绝不可以提倡攀比。“那小子怎么那么能挣钱，和他比起来，我却……”这种攀比行为于人于己，毫无益处。能挣钱并不是什么坏事，“能者多劳”，无可非议。

但是，一亿也好，十亿也罢，归根结底，金钱并不能与幸福感直接成正比。

释迦牟尼佛主张："山川草木悉皆成佛。"这就是说，生存在这个世界上的万物都是"佛"。所谓"佛"，就是这个世界的必需之物。反言之，这个世界上不存在任何多余无用之物，现实生活中，所有一切都不可或缺，世间万物，一切平等。

人类的生命与杂草和昆虫的生命同等重要，毫无差别。既然世间万物都闪烁着生命的光辉，就毫无大小优劣之分。

所谓"自我"，正是这个世界整体中的一分子，整个世界就是"自我"赖以生存的必不可少的先决条件。所以，如果玷污或者毁坏这个世界，就等同于毁灭自我。

如果我们明白这个道理，我们就会意识到与他人攀比，毫无益处。无论富裕也好，还是贫穷也罢，生命之光辉毫无差异。

如果我们明白这个道理，我们就会心地坦然地宣告："能挣钱的他是他，我就是我。我虽然并不富裕，但是我要珍惜宝贵的生命，生命不息，奋斗不止！"

不少“大款”都认为有钱能使鬼推磨，其实这种想法不过是一种错觉，一旦你的头脑中产生了这种错觉，你的人生也就自此荒芜了。在我们生活着的世界上，有很多用钱买不到的东西。在我们生活着的这个空间里，时间能够买得到吗？幸福能够买得到吗？

当然，无论你积累了多少财富，生命的光辉永远也不可能买到手。

生命，属于我们每个人只有一次。关键在于我们自身如何焕发生命的光辉，珍惜生活，生命不息，奋斗不止。除此之外，没有任何使生命熠熠生辉的手段与途径。

与他人攀来比去，无济于事，毫无益处。

祛除羞耻之心

有生必有死，任何人都否定不了这个自然规律。

人死如灯灭，死了以后，你是想去极乐世界，还是想下十八层地狱呢？毋庸赘言，大多数人都向往极乐世界。

临济宗门名僧一休禅师（1394～1481）曾经这样说过："世人都憧憬往生极乐世界，老衲却不太想去那种地方。所谓极乐世界一定人满为患，挤挤擦擦、枯燥无味。老衲倒是觉得地狱里可能更快活、更有乐趣。"

通过上述这番肺腑之言，被称为禅林"智慧之首"的一休禅师在向我们传递什么信息呢？我认为一休禅师的言外之意在于，"完美无缺之物反而枯燥乏味"。

在我们周围，经常有人说："绝不要失败，绝不要让别人看见我的失败窘境。"我认为，如果一个人真的无往不胜、永不言败，这个人的生命也就到此终结了。换而言之，从不失败的人生乏而无味、毫无乐趣。

在世为人，任何人都不无小疵，这是理所当然之事。世上没有毫无缺欠的完美之人。也许有人要说："我就是十全十美，毫无疵瑕。"但是，我认为所谓"完美"二字本身就存在着"缺欠"。

总而言之，一个人如果抵达了所谓"完美"的境地，其生命本身，或者说其生存的意义也就宣告终结了。

“我不向往极乐世界”

反而言之，缺点和疵瑕满身，才更能彰显出生存的意义。

我们周围常常有人这样评价：“完美无缺的美人毫无价值。”这种观点可能要引火烧身，惹怒天下红颜。但是，这句话语中也渗透着“完美无缺之物反而枯燥乏味”的微妙感觉。

因此，我们每个人对于自身存在着的缺点无须隐讳，而要充满自信。如果缺点乃至短处毫无遮拦地暴露在他人面前，难免令人感到羞耻惭愧。但是，只要我们一点点地祛除掉这种羞耻之心，就会堂堂正正地公开亮出自身的短处。

如果你勇于开诚布公地承认自己缺点和短处，就一定会有人向你善意地建议：“你是不是这样做比较好？……”如此循环往复，你自己就会一层层地剥掉羞耻之心，逐渐地改正缺点，克服短处。当你无意识地觉察到“噢！原来自己身上曾经存在过这样的缺点”时，你就前进了一步。

我周围的不少朋友因为字写得不太漂亮而经常自卑，不愿意让别人欣赏自己的“短处”。每逢出席宴会，在会场入口处使用毛笔签到的场合，不少人总是惴惴不安，战战兢兢地提不起笔来，唯恐露怯难堪。

每当遇到这种场面，我总是这样劝慰开导：“这桩小事儿算得了什么？也许周围有人窃窃私语，妄加评论；但是，也许还有人觉得您的字妙趣横生，别有一番风味呢？根本不必介意。”

由于身份和地位，经常有人慕名求我写字。说老实话，我过去写的字也是拿不出手送人的。所以，多年来我一直着意勤学苦练。我每天坚持一个字用草书、行书、楷书三种字体分别练上三千遍，也就是说一天要写九千字。

练了这么多年，每当我停下笔来，仔细地端详自己写出来的每一个字时，总是不禁自言自语：“这一撇还不行，那一捺这样写就好了。”虽然自己从来都不曾满意过，但是好歹总算可以应付一般场面了。

每次，我前往美术馆参观书法展都是乘兴而去，颓丧而归。尤其是参观中国古代书法展，感触更深。万分感慨之余，我总是不禁哀叹：“自己写的字可真是不堪入目啊！就是练上一辈子，也绝对写不出来这样的字了。”

“书圣”王羲之的书法真迹没有一件流传于世。据说，玄宗皇帝爱之有过，将王羲之的书法作品全部带进了自己的坟墓。所以，我们今天可以见到的只是取于石雕碑刻的拓本。即使拓本也是无人能出其右的传世绝作，即使是拓本也足以震人心魄、令人叹为观止。

但是，如果王羲之在世，端详自己手下写出来的字，将会作何感想呢？“书圣”本人可能也不会认为自己的字已经达到了炉火纯青、十全十美的境地了吧？

因此，对比书法大家的大作，我绝不感到羞耻。人们常说“文如其人，字如其人”。这就是说“字”可以显现出一个人的人格品行，就是真实自我的自然写照，所以丝毫没有必要对自己的人格品行而感到羞耻。每当我看到自己写出来的字时，总是振作起精神，督促自己不停地去进取。

我们常说的所谓“自我”，大致包含着三层意思，其一，映衬在他人眼中的“自我”，即“啊！他就是这样一个人”；其二，自己主观意识中的“自我”，即“这就是我”；其三，不隶属于他人的客观判断及自身主观意识的“真实的自我”。

那么，这个所谓“真实的自我”存在于何方呢？无人知晓，无处可觅。即使如此，我们也要孜孜不倦地去寻觅，去探索，在寻觅和探索中有所发现，有所觉悟，有所进步。就好比为写好一个字而孜孜不倦地去苦练的过程一样，寻觅探索“真实的自我”的过程本身至为重要。

在不断地寻觅探索“真实的自我”的过程中，我们也许会逐渐地体会到一休禅师对地狱趣味盎然的憧憬之情，并逐渐地感悟到尽情地享受着欢快的地狱生活的一休禅师的心境之一端吧？

身心放下俱空

江户时代，白隐禅师（1685～1786）中兴了临济禅。

白隐禅师曾经说过：一辈子“死”过一次以后，就不会再“死”第二次了。白隐禅师这段教诲中的“死”，并非指肉体的消亡，而是指人生在世，超越死亡。换而言之，就是舍弃自身存在着的一切烦恼、妄想、嗔痴、梦幻等等，或称“斩断自我”。

斩断了自我，就意味着超越了死亡，既然已经超越了死亡，就不会再“死”第二次了。如果舍弃了自身所有的一切，展现在我们面前的，则将是一个截然不同的崭新世界。

所以，白隐禅师所说的死亡，并非终结生命，而是获得了永生。白隐禅师的这段教诲来源于自己的切身体验，这不是单纯依靠知识和教养所能解决的问题。

白隐禅师以“行脚一生”而闻名临济禅林。当年，白隐禅师曾经前往位于信浓的正受庵，拜访正受庵主道镜慧端禅师，即“正受老人”。慧端禅师以极为生猛峻烈的手段，接化导引了桀骜不驯的白隐禅师。

当时，白隐禅师自负业已参禅修道多年，并且已经得悟，所以有恃无恐，根本没有把慧端禅师放在眼里。但是，在慧端禅师的拳打脚踢和痛骂怒斥之下，白隐禅师终于低下了头，将自己以前的一知半解彻底地抛弃掉了。

白隐禅师入门之际，恰好慧端禅师外出砍柴。等到慧端禅师归庵入室，他便呈上一偈。慧端禅师左手接过来说："这就是你学到的东西?"然后又伸出右手说："那么，拿出你见到的东西吧!"白隐禅师称道："如果有那样的东西，我就吐出来啦!"说着发出呕吐之声。慧端禅师随即又问："赵州所说的'无'是什么?赵州的'无'把手脚放在什么地方?"白隐禅师听后汗流浃背，哑口无言。

此后，每次白隐禅师入室参禅，慧端禅师总是高声叱责道："这个地窖里的死禅和尚!"白隐禅师不堪忍受，便极力陈述自己的参悟见解，而慧端禅师反而放声怒骂，拳打脚踢不止。有时，甚至把白隐禅师从走廊边上踢下去，而导致一时气绝，一切皆空。

慧端禅师出身于武将之家，精通剑术，所以即使白隐禅师年轻力壮，也不是慧端禅师的对手。

佛门中有"断绝命根"一语。此刻，白隐禅师的生命，即所有一切烦恼乃至觉悟等等，都被慧端禅师“斩断杀绝了”。

因此，白隐禅师从精神束缚的枷锁中解脱了出来，整个身心都复苏了过来，以一个崭新的面孔开始了新的修行，开始了新的生命历程。

这个解脱和复苏的过程就是禅人所说的“大死一番”。慧端禅师以拳打脚踢和痛骂怒斥为接化导引手段，夺去了白隐禅师的所有一切，使白隐禅师“大死一番”。“大死”过后的白隐禅师，彻底地舍弃了自身一切而达到身心俱空，进而成长为纯粹、质朴、无心的一代名僧。

当年，白隐禅师终日生活在慧端禅师的拳打脚踢和痛骂怒斥的接化导引之中。有一天，白隐禅师恍恍惚惚地托钵来到一家门前，施主尽管婉言拒绝施舍，连声说：“对不起！……”白隐禅师还是恍然地伫立在门前。这家的老妇人走出来，操起竹帚边打边说：“不是叫你到别处去讨吗？这个要饭的和尚！”白隐禅师被打倒在地，过往行人把他搀扶起来。就在白隐禅师恢复知觉而睁开双眼的瞬间，心头的所有疑难烟消云散，豁然觉悟到了一个迥异的崭新心境。

白隐禅师满怀喜悦，急忙返回庵舍，慧端禅师见状，大加首肯道："汝，彻悟矣。"面呈微笑地向白隐禅师表示认可。

此后半年内，白隐禅师在正受庵发奋修行，勇猛精进，多方请益，慧端禅师向白隐禅师传授了万般禅要。

当年深秋，白隐禅师辞别正受庵庵主慧端禅师，返回了位于骏河，即现在静冈的松隐寺。

白隐禅师牢记慧端禅师的教诲："你要尽力培养出一两个人物来，不必多求。如果你真的得到一个或两个地地道道的禅僧，临济禅就可以再生了。"以松隐寺为实践道场，努力以恶辣手段接化导引门徒。

白隐禅师基于自身曾经历过的艰辛的极限体验，以清晨早起、昼间忍饥、夜晚冰冻等为修行手段，以骂声和铁拳为接化利器，仿佛慧端禅师乘鹤再来。

"超越死亡"而抵达"皆无"的彼岸，必须倾注整个身心，不断地加以体验和锤炼，才能百折不挠，一步步地舍弃于己无益的身外之物，最终抵达一切皆无的境界。

毋庸赘言，在我们普通的日常生活中，抵达彻底地“断绝命根”的境界，并非易事。

但是，不论对待任何事情，只要我们以“乾坤一掷”的气概投入整个身心，以“大死一番”的精神去努力拼搏，我们就一定会成为舍弃了欲望、得失、打算的纯粹之人。

白隐禅师正是通过自身的表率行动，倡导门人不要安于解脱得悟现状，而要修行磨炼不息，终生以“乾坤一掷”的气概精进拼搏。

缄口沉默为金

身为领导者，掌握可以调动千军万马的本领，并非一件容易之事。

身为领导者，不少人都在实际工作中磨炼自身说服他人的能力，并且努力丰富自身的语言表达能力。

毋庸赘言，这是身为领导者所必须具备的基本能力。但是，我认为在某种场合，与其采取倾尽语言表达的办法，不如采用沉默的战术，更能够引起被领导者心灵的共鸣，使得被领导者们心悦诚服。

《维摩经》中有这样一段轶闻，释迦牟尼佛得知维摩居士染疾，于是就准备派遣弟子前往探望。

然而，迦叶和阿难等弟子以及弥勒菩萨等菩萨们却迟迟不肯举手表态。这是为什么呢？原来，这些弟子或者菩萨们都曾经有过败于维摩居士手下的苦涩经历。

释迦牟尼佛看到眼前的情形，于是开口吩咐文殊菩萨道："你替我去看望一下维摩居士吧！"

文殊菩萨世人皆知，为释迦牟尼佛门下"智慧之首"。来到维摩居士门下，文殊菩萨使出浑身的解数，驱动智慧的头脑，与维摩居士斗起智来。

文殊菩萨开口就问："维摩居士，听说你生病了。但是我觉得你道心坚固，怎么也会生病呢？"维摩居士回答说："众生罹病，我也罹病。"

维摩居士的言外之意在于：因为大家都得了心病，

所以我也和大家得了一样的病。我既不是什么伟人，也不是什么优秀角色，我始终都是和大家站在一个水平线上，看问题也是一个出发点啊！维摩居士的这一回答，不愧为文殊菩萨都为之折服而赞赏不绝的“模范答案”。

接下来，文殊菩萨继续向维摩居士请教“入不二法门”。所谓“入不二法门”，简而言之就是表面上看起来两个截然相反的概念或现象，实际上并不是各自独立存在，而是相同合一的。

文殊菩萨请教维摩居士：“何为入不二法门?”维摩居士闻后默而不答。面对维摩居士的沉默，文殊菩萨深为感叹而道：“原来这就是货真价实的入不二法门啊!”

佛门称这段轶闻为“维摩一默如雷”。形容维摩居士的这一沉默之举顶得上落雷的强烈冲击，比起任何语言都更具说服力。

据《维摩经》记述：文殊菩萨与维摩居士的上述问答，发生在多达两万余人的众目睽睽之下。大家都在屏声息气地思忖等待：“维摩居士到底如何作答呢?”然而，两万余众洗耳恭听换来的却是维摩居士的沉默之状。

那么，维摩居士的沉默之状究竟意味着什么呢？“维摩一默”就是意味着：如果运用语言作答，就已经动心了，就已经形成了分别。

所谓对生与灭、善与恶……不加任何分别，就是不二法门的世界，所以完全没有加以言语说明的必要，这就是沉默的本意。

聪明智慧的文殊菩萨事先早已熟知，维摩居士不可能用语言来回答自己提出的难题，所以面对维摩居士的沉默之状而感叹不已。文殊菩萨意识到，无论任何语言在“维摩一默”面前都显得苍白无力，都无法压倒这如雷贯耳般的强烈冲击。

当年，释迦牟尼佛在菩提树下开悟成道之后，曾经连续四十九年说法度众。但是，释迦牟尼佛的最后一句法语却是“一字不说”。

我们知道，多达五千余部的佛教经典，囊括了释迦牟尼佛的说法言教，而释迦牟尼佛“一字不说”的本意在于，不要为经典言教所束缚。

我认为，从经典上得来的知识和理论固然重要，但是如果最终不将其统统舍弃，就不可能成为自由自在之人。这就是释迦牟尼佛在“一字不说”法语中所要阐明的真实本意。释迦牟尼佛的“一字不说”与“维摩一默”如出一辙。

关于沉默，释迦牟尼佛与外道间的一段交锋也被人津津乐道。我们这里所说的“外道”，具体是指佛教信徒以外的异教信徒。

某日，一个外道教徒问释迦牟尼佛：“不问有言，不问无言。”这就是说，不使用语言来传教，同时也不使用语言以外的工具来传教。那么除了以上两种方法以外，佛教的真面目到底何在呢？

这位外道的异教徒当面向释迦牟尼佛发出了直接的挑战：不使用语言，也不使用语言以外的其他工具，佛教是怎样来传教的呢？如果站在一般凡人的立场上来看，这无疑是一个十分犀利而棘手的难题。

那么，释迦牟尼佛又是如何来回答的呢？答案只有两个字“踞坐”。换而言之，就是“岿然不动，沉默不语”。外道的异教徒听到释迦牟尼佛的答语，并且看到眼前释迦牟尼佛的动作，由衷地赞叹不已道："感谢世尊的大慈大悲，使我等外道之徒茅塞顿开，迷云顿散。"外道的异教徒亲眼目睹释迦牟尼佛的慈悲本怀，万分感慨迷茫心头得见天日，欢天喜地辞别了释迦牟尼佛。

话说释迦牟尼佛的弟子阿难一直在旁边静静地观看眼前发生的这一幕，但是他自始至终毫不理解，外道的异教徒为什么耳闻释迦佛祖的短短一语而赞叹不止，致谢而归这一行动。

由于百思而不得其解，阿难按捺不住好奇之心向释迦佛祖问道："那位外道之徒究竟悟出了什么呢?"释迦牟尼佛答道："如世间良马，见鞭影而驰。"这就是释迦牟尼佛的答案。

释迦牟尼佛在这里借用良种骏马来赞扬了那位外道的异教徒。这就是说：优良的骏马只要看到马鞭的影子，就会立刻扬蹋飞奔而去。那位外道的异教徒仅仅看到了我端坐的姿态，便顿悟了佛教的精髓，他到底还是一位不可多得的贤者呀!

通过这段轶闻，我们可以明白，那位外道的异教徒的确聪明过人，领悟参透能力非同一般。然而既不使用语言，也不动口张嘴，而只是端坐在那里，就能够拨开重重迷雾的释迦牟尼佛的高大形象愈发突显出璀璨的光辉。

这种无穷无尽的力量，并非平凡普通之力，我们或许可以赞誉其为“黄金之力”。

维摩的“一默”也好，释迦牟尼佛的“踞坐”也罢，都是在教导我们：沉默，即“默”这个举动，有着远远超越雄辩或者不辩的力量。

我们绝不能误认为滔滔不绝、巧言令色地熟稔于语言表达才是人间正道，这仅仅只能说明你是在夸夸其谈。

沉默具有超越夸夸其谈的道理，并且能够使道理不言自现的强大力量。因此，我认为处世为人还是少说为佳。

不少人或者百般炫耀自己头脑中的些许浅薄的知识，或者使用华丽辞藻来装潢门面，这样的做法既不会给自己带来任何益处，更不可能打动和感染他人。

沉默中所蕴藏的无形力量，是任何行为也无法战胜的。

适时自休反思

我们每一个人可能都曾经有过这样的经历，最近一个时期时来运转、顺风满帆，不论任何事情都得心应手、随心所欲。

如果按照常理，处于这种状况的人往往都是顺水推舟、乘风逐浪、趁势一搏。但是往往这种场合，一个巨大的陷阱正在前进的道路上等待着你落马，这就是所谓人生的本来面目。

活跃在镰仓时代（1185～1333）末期的临济宗名僧大灯国师（宗峰妙超，1282～1338）有这样一句名言“自休”，即为“自行休止”之意。

一般说来，时来运转而一帆风顺之际，人们往往忘乎所以，很难觉察到自身的短处和弱点而乘势突飞猛进。

所以越是这种场合，我们越要自己勤踩刹车、止住步伐、回头反思，这对于人生的成长进步将大有裨益。大灯国师“自休”一语的深刻含义就在于此。

大灯国师为被誉为禅门双壁之一的入宋求法僧南浦绍明（1234～1308）的高徒，秉承其师衣钵，在京都开创了大德寺。其禅风险峻，门下俊杰辈出。其后，受花园法皇及后醍醐天皇皈依。大德寺与妙心寺同为临济宗林下派两大教团，传承不衰，信徒众多，宗门鼎盛。

英年早寂的大灯国师根据自己的切身体验，留下了发人深省、值得铭心刻骨的警世名言“自休”，教诲我们在人生短暂而漫长的道路上要善于掌握休止。

我曾经亲眼拜见过大灯国师的手书“自休”，可以毫不夸张地说，这幅墨迹震撼了我的心灵。当年，这幅墨迹映入我的眼帘的一瞬间，那仿佛压倒一切的魄力，使我目瞪口呆，至今记忆犹新。

吾日三省吾身

回顾自己所走过的人生之路，我感到在花甲之年以前，自己并没有遵循大灯国师的教诲适时地“自休”，而是一味盲目而漫无止境地突飞猛进。

说老实话，过了古稀之年以后，我才终于逐渐地树立了“自休”，即自己适时地把握自身的人生进程，根据自身的状况而适当停下来“自休”的观念。

根据自身的体验和感觉，我认为在人生前进的道路上适时而止，冷静地反思自己迄今为止的所作所为，将会更加清楚地认清自己的本来面目。

当你任性随情而一味突飞猛进的时候，必然要在前进的道路上遇到许多难以预料的障碍。这些障碍往往来自正负两个方面，来自正面的优异成果可能使人沾沾自喜而固步自封，来自负面的挫折失败可能使人垂头丧气而止步不前。毋庸赘言，所谓优异的成果之中既有真实而有效的成果，也有虚假而无用的成果。在前进的道路上，我们总是不知不觉地背负起这些来自正反两方面的“包袱”。

所谓止步而反思，就是在自己身居巅峰而休止前进步伐之际，仔细地回首俯瞰自己迄今为止走过的道路，认真地反思自己迄今为止的言论与行动，选择取舍，丢掉压在自己身上的毫无益处的沉重包袱，以便更好地轻装前进。

如果我们能够主动地做到止步而反思，那么就一定会更加清楚地明了自己所获得的经验和所取得的成绩，将使有益于自己今后人生成长进步的货真价实的宝贵经验发扬光大。

在休止、反思、清理的过程中，我们一定会有所觉察，那些来自书本上而尚未通过实践检验的一知半解的知识，将消失得一干二净，而那些货真价实的经验和知识，将瞬间成为自己可以受用终身的法宝。

孔子留下了这样一句名言：“吾日三省吾身。”由此可知，就连被称为“圣人”的孔子也要每天反省自身三次。我认为孔子是在告诫世人：要端正自己本身，严于要求自己。如果自己不端正，随心所欲、为所欲为，就不可能去端正别人。由此可知，严于律己十分重要。如果我们不这样做的话，就不可能正确地认识主观世界、深刻地理解并改造客观世界。

自身止步和自我反省讲的其实是一个道理。不少人抱着“现在正是我大显身手，大有作为的好时机，只能向前，不可止步!”或者“过了这个村儿，可就没这个店儿了，只能一气呵成，进攻！进攻!”等诸如此类的想法，而冲动地驱使自身做出一些鲁莽无章的行动。这种鲁莽之人，与适时止步、反思自身之人相比，最终将在人生成长进步的漫长旅程上出现明显而具有决定性的差异。

换而言之，如果身处逆境的话，任何人都会格外谨慎而自动自觉地休止自身，反省检点自己的言行。然而，至为重要的不是身处逆境，而是身处顺境之际能否自觉地实践自休和反思。

我们只有做到身处顺境之际自觉地实践自休和反思，

才有可能依靠自身的力量尽享人生。反之，如果做不到这一点，必将在人生旅途中的某时、某处，栽倒在自身所背负着的沉重的“包袱”之下。

千利休与禅法

安土桃山时代的茶人、被尊为“茶圣”的千利休（1522～1591）是一个胸怀“舍弃”之心而生活的人。

日本茶道集大成者千利休出身于堺市商人之家，师从武野绍鸥得“侘茶”真传，并将其发扬光大。所谓“侘茶”为茶道流派之一，与流行于东山时代的“书院茶”茶风迥异，流行于桃山时代，重视追求简素而静寂的境地。在“唐物”，即主要由中国舶来的华贵茶具独占鳌头的时代，千利休跻身“侘茶”即“草庵茶”的世界，继承发扬先师的传统并将之推向了顶峰。

毋庸置疑，构成千利休的价值观和艺术观，支撑千利休的人生观的就是禅。

禅门倡导参禅者极力摈弃一切雕琢，而只保留最为本质的精华，这就是禅的根本宗旨。千利休忠实地遵循这一宗旨，还茶道以淡薄寻常的本来面目，向着“本来无一物”的境界不断深化。也许正因为如此，我们今天在传世的千利休信函中才看不到有关诲人习茶的只言片语，他是在不折不扣地追求禅的境界，脚踏实地，用自己的行动去实践禅法，传播普及“佗茶”的精神。

千利休的参禅之师，是室町时代后期临济宗著名高僧、大德寺第117世住持古溪宗陈（1532～1597）。古溪宗陈出身于古越前国，即现在石川县的战国诸侯朝仓家族，原为位于堺市的临济宗大德寺派南宗寺住持。早在古溪宗陈担任南宗寺住持年代，身为商人的千利休就结识了古溪宗陈，并拜其为师，勤于参禅问道。

其后，古溪宗陈由堺市南宗寺住持升任京都大德寺住持之后，千利休也由地方一介茶师跃身为战国著名武将织田信长和太政大臣丰臣秀吉手下的御用茶师，来到了京都。千利休一直私淑古溪宗陈参习禅法，并在古溪宗陈驻锡的大德寺门前建造了茶室“不审庵”，弘扬

“佗茶”即“草庵茶”精神。

位于大阪的正木美术馆保存着一幅弥足珍贵的国家级重要文物《千利休图》，即千利休的肖像画。这幅肖像画上可见古溪宗陈题写的赞语，称千利休为“吾三十年饱参之徒”，还称赞千利休出类拔萃，比那些半瓶醋的禅宗和尚通晓禅法，可与庐同比肩。庐同与陆羽同为唐代茶人。

这一句赞语充分地证实了这样一个事实：此人千利休，曾经在我的门下持续参禅问道三十余年，并且是一位深得禅法要义的门徒。

我们从这一事实可以了解到，千利休毕生虔诚至深地皈依了禅宗，其禅法功底远非一般的禅宗和尚所能够比拟。换而言之，禅不仅已经融入了千利休的血与肉，而且已经融入了千利休的灵魂。

千利休的入室弟子南坊宗启编撰的“利休流”茶道秘籍《南坊录》中，记载了千利休对于茶道精神的高度概括，即“茶汤乃践行佛祖之道”。这句名言是在教诲天下茶人：“茶汤之道源于禅宗，所以茶人应该效仿禅院僧侣专心侍佛的心境，修习茶道。”自古以来，这段名言脍炙人口，淋漓尽致地表达和传授了千利休倡导的茶道精神。

所谓“茶汤”，即通过汲水、取柴、烧水、点茶、供佛、施人、自饮、插花、焚香等具体行为服侍佛祖和亲近佛法。这就是日本茶道的集大成者千利休所倡导的“侘茶”的根本宗旨。

无言无语为正

千利休本为商人，师从武野绍鸥得“侘茶”真传，成为“侘茶”之大成者。他作为御用茶师先后侍奉战国武将织田信长和太政大臣丰臣秀吉，集恩宠于一身，后因故触怒丰臣秀吉，以“莫须有”之罪名被赐死，从容剖腹自尽。

千利休剖腹自尽之际，曾留绝世遗偈：“人世七十，力围希咄，吾这宝剑，祖佛共杀。我提得具足一大刀，于今此时抛向天苍。”遗偈的大意是说：我这一生的七十年间，经历了种种人间之事，往事如烟……我要用这柄宝剑，一同斩断佛祖和自身。我手提一把大刀，现在就要把自身抛上天。

我认为千利休的绝世之偈与其他禅僧的遗偈毫无二致，无非千篇一律的常套言辞。

因此，我认为我们有马家族自古流传下来一幅千利休遗墨《半身达摩自问自答》，才是千利休真正的遗偈。在这幅遗墨中，千利休将自身与达摩九年面壁坐禅的身影互相对照而自问：“画中所绘，正为吾身。何谓往昔九年面壁。”遗墨中的所谓达摩就是“千利休自身”。首先，千利休自问：“正如达摩祖师面壁九年，我千利休长年追求茶道真髓。达摩九年面壁到底意在何为？我千利休孜孜不息所求之茶道到底为何物？”然后，千利休自答：“须答而不答乃吾答也。”这就是在告诉后人：“我不作答，我不去回答！不作答就是我的答复。”

我认为，千利休之所以对毕生呕心沥血而追求的茶道的精神实质没有作答，是因为他的本意在于：这个结论留给几十年乃至几百年之后的后人去不断地索求解答吧！因为，对于千利休本人来讲，阐述自身所奠定的“侘茶”的精神实质并非一件困难之事吧？

从千利休的辞世之偈中，我们也可以窥见“舍弃”之心的重要。

禅门中有一句名言，叫做“一个半个”。简单地说就是“传承佛法之人有一个也好，有半个也罢，都无不可。”我认为，毕生参禅修道而深谙禅法要义的千利休也同样持有这种观念，即“在今后长达几百年的索求解答的岁月中，传承自己所奠定的“侘茶”的精神之人有一个也好，有半个也罢，都无不可。”

日本著名作家井上靖先生以千利休剖腹自尽为题材，撰写出版了一本题为《本觉坊遗文》的小说。该小说问世后，我曾出示《半身达摩自问自答》请井上靖先生过目，他看过后不由得惊叫起来：“大和尚，这可糟了！要是能早点看到就好了。这才是利休真正的遗言啊！”井上靖先生也和我有相同感触。

年届古稀的千利休扪心自问：我毕生锲而不舍地追

求的茶道真谛何在呢？他自问自答："须答而不答乃吾答也。"千秋功罪，谁人曾予评说？几十年，几百年，你们一直去寻找这个答案吧？

千利休默而不示，给后世留下了一个永恒的难解之题。

超越生死彼岸

千利休的辞世"遗偈"可谓超凡脱俗。但是，他并不是与世俗无缘之身，而是一个世俗至极的商人。也许正因为他还是一个货真价实的商人，所以他那不朽的精神境界虽历经四百余年，依然为世人所思慕和景仰。

千利休是一个漫步于人生两个极端的非凡人物，所以当丰臣秀吉赐死之际，才能毫不动摇。他已经达到了视死如归的精神境界。

对于以禅为自身精神支柱的千利休来说，所谓死，只不过如同吃饭或者饮茶，没有任何特殊之处；既然如同日常茶饭事一般，当然就没有必要大惊小怪。因此，千利休毫不踌躇，毅然赴死。

关于千利休之死，历史上有诸种说法。据说千利休的高徒细川三斋和古田织部曾向其师进言道：“如果向北政所，即丰臣秀吉的正室夫人低头赔罪，然后我们再去请几位诸侯门徒从中斡旋，或可能免于一死。”然而，千利休拒绝了所有的怜悯之言。

其实，翘首等待千利休前来谢罪的也许就是丰臣秀吉本人。据流传，丰臣秀吉曾经在千利休自尽不久后的一次茶会上雷霆大发：“要是利休在的话，绝对不会出现这样的差错！”由此可见，在丰臣秀吉心目中，千利休的超凡能力占据着不可取代的位置。虽然丰臣秀吉自己亲口下令赐死千利休，但是他一定很快就悔之不已，因为他永远失去了一位值得深深地痛惜的茶道巨匠。

但是，对于已经抵达了舍弃一切的境地而视死如归的千利休本人来说，活着也好，死去也罢，都早已是无所谓之事了。因为他已经通过潜心参禅修道而抵达了超越生死的彼岸。

舍弃了我执之人——千利休

第三章

舍弃欲望

勤动手脚清扫

佛门里有“一清扫，二信仰”这样一句话，意思是说，“比起劝人诵经拜佛，劝人清扫更为重要”。清扫二字含意深远，完整而如实地反映了禅的思想。

清扫，可以唤醒沉睡于我们心底的灵性，意义非凡。当然，激发沉睡着的“灵性”，绝非必须苛求于大自然。在我们每天的琐碎生活中到处都可以寻觅到这样的机会。比如欣赏绘画或书法等精湛的艺术作品就是一个行之有效的手段。

我们可能都曾有过这样的体验，当你面对一幅名画之际，就会不由自主地发出赞叹：“哦，太漂亮了！”心底不禁产生阵阵波动起伏。

我们可能还曾有过这样的体验，当你初次聆听一支美妙动人的乐曲之际，常常为那优美的旋律而动情，不禁热泪盈眶。

这种体验就是所谓“灵性”的复苏。书法、绘画、书籍、乐曲等艺术作品之中蕴藏着一种不可思议的神奇力量，它与气势磅礴、辉煌壮观而压倒一切的大自然具有同等的力量。清扫也同样具有这样一种力量。

我平时经常在自己住持的寺院接待来访的客人。每当来客穿过寺门，通过前往大殿的石板小径时，总是纷纷赞不绝口：“进了您的寺院，仿佛来到了另外一个世界，整个身心都焕然一新了!”这是因为铺设小径的碎石每天都整理得干干净净，小径两侧的灌木丛每天都剪裁得整整齐齐，来客们触景生情，心情自然会为之倏然平静。

每当客人们在接待来客的书院入座，各个角落都清扫修剪得异常整洁的庭园景色映入来客的眼帘时，总会听到客人们发出由衷的赞叹：“这庭园太漂亮了！真让人心旷神怡。”

我们经常说“触景生情”，这就是一个唤醒沉睡着的灵性的过程。我认为这个过程本身就是最富有说服力和感染力的“说法”。在我迎客入坐说法示教之前，一篇生动而真实的自然“法语”已经活生生地展现在来客眼前了。可以说，这就是“清扫”二字的功德。

我们不妨设身处地地想象一下：假如我坐在书院，望见杂草丛生、脏乱不堪的庭园，向慕名前来的善男信女高谈阔论佛法时，有谁能把我的“空谈”放进耳朵里去呢？客人们一定会说：“连自己的寺院都打扫不干净，还在这里奢谈什么这个那个？”

不论任何人走进打扫得整洁清净，荡漾着无比静谧气氛的寺院时，都会为之而感叹：“啊！这真是一个庄严而美妙的世界！”都会唤醒沉睡于我们每个人心灵深处的“灵性”，都会在瞬间转变为善男信女。

清扫心灵

如何清扫心灵

中峰明本（1263～1323），是活跃于宋末元初禅林的杰出高僧。中峰禅师撰有《天目中峰和尚广录》，对日本佛教的发展影响极为深远。“常携帚撣，拂去堂舍尘埃!”是中峰禅师的一句口头禅，强调“经常清扫，十分必要”。

中峰禅师以其超凡的风骨气节和离世出尘的禅风名留中国禅宗史册。他毕生以清苦自持，行如头陀，东走西避，流离无定。他或者以船为居，往来于长江上下和黄河两岸，或者筑庵而居，皆以“幻住庵”为名，聚众说法弘禅。因其不媚权势、不趋富贵的高风亮节，众望所归，被尊为“江南古佛”。

中峰禅师终生行脚游方天下，每到一处新的环境，每逢邂逅新的善男信女，都会给禅师的心灵吹进徐徐的清新风气吧？对于禅师本身而言，也许一生一世都在不断地进行“心灵的清扫”吧？

我们大概都有过相同的经验，清扫每天不能间断，如果两天不清扫整理，要想恢复原状的话，往往需要三天的工夫。所以，清扫一日也不可怠惰。

对于我们禅僧来说，清扫的对象不仅是庭院和殿堂的空间，更为重要的是，通过清扫这一劳作来不断地清除心灵上堆积的尘埃，锤炼精神。

中峰禅师终生提倡并强调“清扫”之重要。正如中峰禅师所说：“清扫，就是清除堆积在自身心灵中的污秽。”所以，如果清除了心灵中的污秽，“灵性”就会瞬间显现出来。

如果我们生活在充满尘埃的场所，不论如何接触静谧的世界，由于心灵上堆积的尘埃的阻碍，都不会触发灵性。

由此可见，哪怕只是须臾清除掉平素覆盖于我们身上，或者堆积于我们生活着的场所的污秽邪恶之物，就有可能触及“灵性”。同时，如果经常触及“灵性”，心灵也就不会成为藏污纳垢之地。

如果灵性得到了净化和提高，我们观察世界的角度和方式也将随之发生变化，即使微不足道的日常琐事也会使我们为之感动，从而萌生发自内心的感恩之情，祥和而安乐地生活在这个世界上。

追随伟人典范

在日本历史上留下了巨大的足迹的杰出人物不胜枚举，但是如果在其中推选出一位代表人物的话，我认为当推圣德太子。虽然他最终没有登上天皇的位置，但是如果推举一位奠定了今日日本基础的历史人物的话，我认为非圣德太子莫属。

圣德太子（574～622）为用明天皇的次子，天性聪颖，自幼即耳熏目染，颇受佛法熏陶。及长又随应聘来日传法的高句丽僧慧慈，百济僧慧聪、观勒等博览百家，兼学佛、儒、道等内外经典。作为其伯母推古女帝的摄政王，圣德太子积极地推行了一整套以浓厚的佛教理念为基础的国策。

圣德太子在其摄政的近三十年间，主持制定了《冠位十二阶》及《十七条宪法》等规章法律制度，派遣外交使节与隋朝建立了友好往来关系。

圣德太子亲自主持制定的日本第一部成文法规《十七条宪法》中，融汇了儒教、佛教和法家思想，称佛教为“四生之终归，万国之极宗”。其第二条规定须“笃敬三宝”，即要求在家信徒必须皈依佛、法及传法的僧侣，受持五戒。第十条还指出：“人共为凡夫”，凡夫的自觉源于对佛法的皈依及人类平等的思想。

《十七条宪法》贯穿和体现的思想理念，标志着日本佛教已经从东渐初期的追求“现实利益”的“祈祷咒术”阶段，上升过渡为思想和教理研究及运用的阶段。佛教理念作为“以和为贵”及一君万民的治国理想之本，堂堂正正地进入了大和王朝。

《十七条宪法》的第一条“以和为贵”是外来文化与大和民族固有文化融合发展的产物，它体现了圣德太子施政治国的根本理念。“以和为贵”所包含的佛教精神超越时空、超越种族、超越地区，成为终结异民族之间互相排斥、互相残杀的历史，实现大和民族的统一乃至大和王朝发展的根本理念。圣德太子的不朽业绩在日本历史发展的长河中闪烁发光，万古长青。

圣德太子从幼年时就笃信佛法，经常亲自抄经，身体力行地弘扬佛法。一笔一画，一字一句地抄写经文，需要以极大的毅力集中精神。当年，圣德太子抄写经文当然出于笃敬三宝和弘扬佛法这一善愿，但是我认为圣德太子也有可能通过抄经，来锻炼克制和调节自身精神力量的能力。

说到抄经，我在这里插上几句闲话，用金泥抄写在深蓝色纸张上的《藏青金泥经》，或者用金字抄写在紫色纸张上的《紫纸金字经》，使用的原材料都非常昂贵，抄写经文时，如果稍有疏忽，哪怕只抄错了一个字，也会造成不小的经济损失。

从“如是我闻”抄起，然后一直保持相同的运笔姿势而一气呵成。从古至今，抄经者的坚忍不拔的毅力和一丝不苟的精神令人无比钦佩。抄经这一行为所体现出来的虔诚信仰和美好善愿值得尊崇。

抄经是亲近佛法的一个行之有效的手段，既可以培养虔诚的宗教感情，也可以磨炼坚强的毅力。当年，圣德太子可能就是通过抄经培养了不屈不挠的精神力量吧？

总而言之，圣德太子以其顽强的意志和强有力的统治手段，创造了极为辉煌的业绩，并对推动日本历史的进程发挥了极为深远的作用。

振作懈怠之心

中国的古典小说《三国演义》中，有一个“死诸葛吓走活仲达”的故事，脍炙人口、流传至今。

话说诸葛亮病危期间曾吩咐杨仪，自己死后不可发丧，做一个自身的木像放在车上，蜀军一切事务照常进行。诸葛亮手下爱将杨仪、姜维严密地封锁了丞相病故的消息，井然有序地撤退大军。诸葛亮的遗体装在灵车上的一个龛里，由三百多精心挑选的将士护送运回成都。一个木制的诸葛亮像坐在军车上，随同大军一同前行。

司马懿以为诸葛亮已死，马上催动大军追赶蜀兵，但是又害怕中了诸葛亮的诡计。这时夏侯霸带着探子来报，五丈原蜀营已空无一人。司马懿听后半信半疑，率兵开向五丈原，果然蜀营空空，于是赶紧带领人马向前追杀而去。忽然间蜀军掉头杀了回来，只见中军"汉丞相武乡侯诸葛亮"大旗飘动，四轮车上坐着一位活生生的诸葛亮。这可吓坏了司马懿，以为又中了诸葛亮的计了，于是勒马往回逃。魏军兵将丢盔弃甲，自相践踏、狼狈不堪、溃不成军。

后来，司马懿得知诸葛亮确实死了，蜀军已全部退回汉中，自己遇见的诸葛亮仅仅是木像而已，他这才后悔不迭。司马懿再次引兵追赶蜀军，但为时已晚，他不得不佩服诸葛亮确实是一代奇才。由此，蜀地便流行了一条谚语："死诸葛吓走活仲达。"

这个故事讲的就是，诸葛孔明虽然已经病故了，但是他的木像却使敌军之帅司马懿闻风丧胆，一败涂地。

诸葛亮在古今中国人的心目中具有不可替代的极为崇高的地位，而圣德太子在古今日本人的心目中也具有可以与诸葛亮相匹敌的威望和地位。我认为，我们这样来评价日中历史上的这两个非凡的人物并不为过吧。

我们经常用“虽死犹生”这个词来形容一个历史人物的不朽业绩。这也就是说，虽然其人已经离开了世间，但是他的可贵精神和光辉形象依然留在世间，永远留在世人的心中。对日本历史的发展起到了举足轻重的作用的圣德太子就是一位永世不朽的人物。

日本禅宗，尤为珍重“墨迹”。镰仓时代（1185～1333）至室町时代（1336～1573），为数众多的中国宋代禅林的高僧大德东渡扶桑传法布教，留下了大量弥足珍贵的遗墨。此外，不少日本禅僧也跨海渡宋，留学求法，归国之际携来大量授法禅师赐予的“印可状”和“法语”等墨宝；以及生长于日本，在佛教史上留下了巨大足迹的高僧的传世墨宝，统称为“墨迹”，以区别于出自一般的书法家或文人学者手下的书法作品。

所谓墨迹，即意味着书写者自身禅悟的体验，这是最为基本的条件。不论作者是否是禅僧，是否是在家居士，其表现题材是否与禅有所关联，其笔致是巧妙抑或稚拙，这些客观条件与“墨迹”之称毫不相关。唯有真正开悟者所书写的作品，才能够称其为杰出的禅门“墨迹”。

墨迹的种类包括法语、印可状、字号、道号、谥号、经典抄录、尺牍、书简以及由警句名言中挑选出来的一段文字而书写的“一行书”等。

墨迹是我们详细了解各个时代佛教发展的历史，以及高僧大德的生平、思想、业绩的最佳史料。因此，日本禅林尤为珍重墨迹。

我们禅僧拜见曾经在日本禅宗史上留下了巨大足迹的梦窗国师（梦窗疏石，1275～1351），或者大灯国师（宗峰妙超，1282～1337）的墨迹之际，就是怀着无比崇拜、无限敬仰的心情，宛如接受国师本人耳提面命。所以，对于禅僧来说，先师遗留下来的墨迹就是先师本人的面影尊容。

这也如同“虽死犹生”一样，先师的身影永远伴随在禅门弟子的身边。

作为禅门修行弟子，每当我们拜见先师墨迹时，耳畔就仿佛响起了先师的谆谆教诲，懒惰懈怠之心总会为之警策而振作起来，在先师墨迹的鼓舞鞭策之下更加精进修行不止。

我认为如果每一个人的心目之中保留一个对自己来说“虽死犹生”的形象的话，可能对自己走完今后漫长的人生不无好处。

这个光辉形象不论任何人都不妨，比如自己的先祖，或者自己崇拜的历史人物；当然，即使健在于世的人物也未尝不可。

如果你的心目中存在着一个值得自己敬仰的人物，存在着一个能够振作起自己萎靡疲惫的精神，能够清除自己心灵上的尘埃的人物，遮挡着你的双眼的雾障将被一扫而光，你的眼前则将展现出一片无比光明美妙的世界。

何为至上快乐

戒律是出家修行者必修的“戒、定、慧”三学之纲。佛教传入中国后，大约至东晋时代，戒律逐渐完备，建立了中国佛教戒律史上统一的受戒制度。出家为比丘、比丘尼者禀受十戒、具足戒（比丘为250戒、比丘尼为348戒）、菩萨戒等，成为定规。

奈良时代的天平胜宝五年（唐天宝十二年，753），中国唐代高僧鉴真和尚东渡扶桑弘法传律，开日本佛教史上依法受戒之先河。

所谓“五戒十善”是包括在家信众在内所必须遵守的佛教最基本的教条，其中“五戒”侧重于止恶，是做人的准则，是完善人格的基础。

所谓“五戒”即：一、不杀生，二、不偷盗，三、不邪淫，四、不妄语，五、不饮酒。

经云：

一、不杀生戒，谓人若于彼众生，妄加杀害，而夺其命，死堕恶道；或生人中，亦寿命短促。若不作是事，名不杀戒。

二、不偷盗戒，谓人若于有主物不与而窃取之，死堕恶道；或生人中，亦受贫乏报。若不作是事，名不偷盗戒。

三、不邪淫戒，谓人若淫泆无度，好犯他人妻妾，死堕恶道；或生人中，妻妾亦不贞良。若不作是事，名不邪淫戒。

四、不妄语戒，谓人若妄造虚言，隐覆实事，诳惑众听，死堕恶道；或生人中，亦口气臭恶，为人所憎。若不作是事，名不妄语戒。

五、不饮酒戒，谓人若饮酒则纵逸狂悖，昏乱愚痴，无有智慧。若不饮者，是名不饮酒戒。

在释迦牟尼佛的时代，戒律繁多。其后经过删繁就简，简化为最基本的“五戒”。这足以说明，遵守戒律并非一件容易之事。换而言之，在繁琐复杂的戒律面前，难免出现诸如此类的怨言：“这么繁多的戒律怎么能够一一做到?”“那么，至少要遵守最为基本的戒律!”这就是“五戒”成立的历史背景。

但是，世上的不少人就连这最基本的“五戒”也不能够遵守把持。比如“不邪淫戒”是在告诫我们：不能怂恿放任邪恶卑劣的“爱情”，不可违背人伦道德。但是，当今日本社会婚外恋、婚外情、援助交际等歪风邪气横行于世，日趋泛滥。

一般来说，身陷情海的人往往不去考虑自己所爱的对方的感情和处境，人的这种感情的表露和宣泄固然无可非议。但是，我们总是要理智地遵循自身的为人准则和社会伦理道德规范。可能身陷爱的漩涡之中的人，大多不会因为自己所爱的对象属于有悖人伦的范围，而理智地终止自身的“求爱”言行吧?

所谓“爱别离苦”指的是无奈要与自己相爱之人分别离开，这是一种难挨之苦。

“爱别离苦”是“四苦八苦”之一，这是任何人也

万事皆为梦幻

躲避不开的痛苦，或者可以称其为“业苦”。

关键问题在于，虽然我们每个人都摆脱不掉“业苦”的煎熬和磨难，但是我们可以想方设法在“业苦”之中轻松愉快地生存下去。那么，如何才能抵达这一理想的境界呢？答案大概只有两个字，那就是“舍弃”。

对于世人来说，可能再也没有比“舍弃”自身形形色色的欲望更为艰难之事了。“无论如何，我都想和心爱的人相见。”“不管怎么说，我都离不开心上的人。”虽然我们可以将诸如此类的感情理解为“坦诚”或“挚爱”之感，但是最终只不过是一种“以我为中心”的情感。换而言之，无论如何都想相见的只是自己，不管怎么都离不开的也还是自己。说到底，持有这种以己为中心观念的人只不过是在大肆标榜自己的那一套理论而已。

毫不执著于私情己欲的生活方式，即佛陀教诲和倡导的人生观的基本着眼点，就是要舍弃七情六欲。当然，我们谈到这个问题，一定有不少人加以反驳：“别开玩笑了！处世为人，谁没有七情六欲？怎么可能那么轻而易举地舍弃呢？”

这种想法丝毫不足为奇。但是有人认为:“可也是呀，七情六欲这东西怎么能够舍弃得了呢?既然舍弃不了，那就放之任之，为所欲为吧!”这是一种完全违背了佛陀宗旨的谬论。

人生苦短，我们为什么不去尝试一下大刀阔斧地割舍私情己欲的生活方式呢?即使一时做不到，哪怕一步一步地接近这种生活方式，也是值得赞赏的。这就是佛教所主张和倡导的人生哲学。

一般人都这样认为，如果满足了物质欲望和色情欲望，就能够使自己享受到欢喜和快乐。但是，佛教却认为“快乐”中往往蕴涵着“幻灭”。所谓“快乐”并不存在任何实体，其当事者本人却沾沾自喜，陶醉于自我满足之中。

学佛者应该时刻牢记:绝不可为眼前的所谓欢快欲乐而得意忘形，忘乎所以。当你逐渐地明了所谓“快乐”并不存在任何实体这一道理之后，眼前的物质欲望和色情欲望都将变形走样，最终主动地将其舍弃。

当你抵达了这一境界之后，你的心境将焕然一新，清爽祥和无比。换一句极为通俗易懂的话来讲，当你卸下了一直压在肩上的沉重的包袱以后，就将会自然而然地感觉到：“啊，轻松多了，心情真舒畅！”这就是处世为人的最为要紧之处。

舍弃私情己欲

《涅槃经》云：“寂灭为乐。”以寂灭为乐究竟是什么意思呢？通俗地讲就是：达到了万籁俱寂、一切皆无之际，就是抵达了“乐”这一境地。

“寂灭为乐”本为《涅槃经》中“诸行无常，是生灭法；生灭灭已，寂灭为乐”一节中的一句，记述了释迦牟尼佛的这样一段逸事。

相传释迦牟尼佛在过去世，曾经孤身一人在白雪皑皑的喜马拉雅山中夜以继日地潜心修行，故称“雪山童子”。

话说帝释天化身为一个人见人怕的吸血杀人的罗刹，

从天上降落到雪山。他走到以苦行而求道的雪山童子身边站住，高声地唱道："诸行无常，是生灭法。"听到这半句偈文，雪山童子心无恐惧，反而欣喜异常，他心想："万物生灵皆有生灭。这正是自己所要追求的真理。"为了打开解脱三界苦恼之门，雪山童子决心要向恐怖的罗刹问个明白。

于是，雪山童子开口请教罗刹道："大士啊，整个世界在轮回转动，这是生灭之法；诞生之物，必然走向灭亡，这是法理，这两句我晓得了。但是这首偈文由四句构成，一定还有下半首，你能不能告诉我那宝贵的下半首偈文呢？"

罗刹听到雪山童子的请求后，满面愠色而不耐烦地回答他说："婆罗门啊，你啰啰嗦嗦地问我这些事有什么用呢？我已经好些天都没有吃东西了，饥渴难挨，心烦意乱。我现在又饥饿又疲倦，既没有力气再说出下半首偈文，也没有功夫与你讨论这些不能充饥的问题了！我只想马上喝到人的鲜血来充饥。"

雪山童子听到罗刹的这番话后，马上回答："大士，我明白了，倘若你能告诉我那下半首偈文，使我能够求法悟道，我情愿把自己的鲜血和肉体奉献给你！”

于是，罗刹把下半首偈文告诉了雪山童子，即“生灭灭已，寂灭为乐”。雪山童子闻之省悟而言：“原来如此。只有超越了生与灭这一对立的世界，即抵达生与灭已经不复存在的世界，才能够寻觅到清净而幸福的生命之泉。正因为世间众生将自己置身于生灭的世界，置身于相互对立的世界之中，所以才为之而倍感痛苦，备受煎熬。”说完，雪山童子践约正要把自己的全部血肉奉献给罗刹之时，恐怖的罗刹却恢复了帝释天的本来面目，升空而去了。

帝释天显身为罗刹，其目的是为了考验雪山童子是否真正具备了求道之心。现世的释迦牟尼佛，即过去世苦行求道的雪山童子，为了求得下半首偈文，为了获得身心的快乐而不惜舍弃宝贵的生命。这种为了求法悟道而奉献生命的决心和意志，是我们学佛者所必须效仿和具备的。

所谓至高无上的快乐，就是释迦牟尼佛向我们展示的光辉典范吧。

我认为即使我们暂时抵达不了释迦牟尼佛所展示的境地，我们也要从当下脚底做起，不断地舍弃一个个毫无价值的私情己欲，一步步地努力从物质快乐转向精神快乐，精进不息。

弘法大师空海（774～835）曾入唐从青龙寺惠果和尚修习密宗，归国后开创了日本真言宗。相传弘法大师利用古代日语四十七个“假名文字”，将反映佛教“诸行无常，是生灭法；生灭灭已，寂灭为乐”这一偈文，编写成一首通俗易懂的识字歌——《伊吕波歌》：

鲜花溢香必凋零（诸行无常），
短暂今世定有终（是生灭法）。
超越此生无常山（生灭灭已），
脱离虚幻沉迷梦（寂灭为乐）。

这首妇孺皆知、脍炙人口的《伊吕波歌》告诫世人，无论如何，我们生活在这个世界上的每一个人都摆脱不了“无常”的困扰和束缚；号召世人，要舍弃私情己欲，不断地追求精神享乐。

洗涤心头污垢

在世为人，我们都在极力追求一个心静气平、和谐安乐的境界，但是这并非一个可以轻而易举地抵达的境界。在现实生活中，不少人都在为本职工作或者人际关系方面的不尽如人意之处而苦恼、哀叹：“唉，真没办法呀！”人生在世，充满了难以随心所愿之事，也许这就是人生的本来面目吧。

禅宗六祖慧能有这样一段轶闻。

当年，五祖弘忍把衣钵传给了一个大字不识的舂米行者慧能。五祖担忧，如果僧众得知我把衣钵传给了一介乡村出身的行者，一定会愤然不平而出现骚动。于是当下悄声地嘱咐卢行者：“你出身低微，如果僧众知道我将衣钵传给了一个舂米的行者，一定会有人居心叵测地加害于你。所以你今夜就速速离开这里到岭南去，隐姓埋名，藏匿深山，不可以轻易出来，等时机成熟，弘扬禅法，利乐众生。”

黄梅山晨曦微露之际，慧能肩负行李，携带着五祖传授的衣钵悄悄地上路，从九江乘船向南而下，然后上岸前行，途中必须经过大庾岭。

大庾岭位于江西省南安府大庾县以南二十五里处，横亘在江西、湖南和广东三省的交界地带，构成了中原通往岭南的一道天然屏障。自古以来，一般将大庾岭以南称为岭南，而将大庾岭以北称为岭北。

话说黄梅山上，僧众不久就闻知舂米的卢行者得了五祖的衣钵，天亮之前已经离山而去。因此，整个寺内不满情绪极为高涨。有一部分人甚至认为简直是岂有此理，表示一定要设法夺回衣钵，有几个血气方刚的修行僧争先恐后地跑出去跟踪追赶。

前往追赶的众僧中有一个血气方刚而逞强好胜的慧明和尚。这个满腔充满正义感的慧明和尚步履矫健，最先赶到了大庾岭，追上了卢行者。

慧明和尚一见到慧能，就劈头厉声诘问道："喂！你一个舂米的行者，居然敢把五祖传法的衣钵拿走了，成何体统？虽说是我师父授予你的，可你也应该主动辞退呀！现在赶快交出来吧！"

慧能见慧明和尚来势汹汹，于是就将衣钵放在凸凹不平的石块上，格外镇静地答道："我从师父手上接下来的这副衣钵是佛门至宝，是验证嗣法的信物，怎么可以动用武力争来夺去呢？既然和尚无论如何也要强力索讨回去的话，那就放在这里任由你拿走好了。"

慧明和尚看到眼前这番情景，就伸手去取石头上的衣钵。但是慧明和尚万万没有想到，衣钵仿佛生了根一样纹丝不动。慧明和尚见状惊讶异常，不禁战战兢兢、诚惶诚恐地反省：自己刚才的所作所为乃是一时冲动的浅薄之举。于是他低下头对慧能说："慧明我只顾一心求法护教，并不只是为了索回衣钵。能否请行者将师父所授之法教示与我呢？"

于是，慧能点了点头，然后看着慧明和尚说："不思善，不思恶，正与么时，哪个是明上座，父母未生以前的本来面目?”这就是说：“在你的父母没有生下你之前，你既不考虑什么是善，也不考虑什么是恶，这个时候你的本来面目是什么呢?”

慧明早年仰慕五祖道风而入其门，长年参修，谙熟佛法，并且深知佛法的尊严。他虽然还没有抵达大悟的境界，但是已经具备了极为良好的素质。当下，面对慧能“哪一个是你父母生下你之前的本来面目?”之问，慧明和尚方才恍然大悟，对五祖平素教诲的真实意图大彻大悟，茅塞顿开。

慧明和尚因耳闻六祖慧能的诘问而大彻大悟，汗流浃背、感激无比、泣而泪下。那么，六祖慧能这一番话究竟表达了什么内容呢?

转换思维方式

来到世间之前，我们每个人的心灵都是纯洁无瑕的。一颗“不思善，不思恶”之心就是你的本来面目。六祖慧能所要表达的就是这样显而易见的深刻哲理。

心灵纯洁无瑕的世界，就是一个心灵无上安稳祥和的世界，就是一个心灵愉快至极的世界。

但是，当我们从娘胎里出生而呱呱落地之后，就开始与“善恶”二字打起了交道，这是人生的一条必由之路。正因为如此，我们每个人的心灵才会发生紊乱，从而使日常生活出现形形色色的不尽如人意之处。为了从不尽人意的困惑窘境中摆脱出来，只有想方设法将源自心头的这一意念彻底清除干净，除此之外，别无其他出路。

我们可以经常听到诸如此类的怨言：“怎么又碰上了这样的难题，真没办法。”工作中遇到困难，或者生活中出现烦恼之际，不论你的头脑中是否产生为难或厌烦的情绪，你周围的客观环境绝不会发生任何变化。

因此，我建议各位尝试一下：打消对于自身和客观环境都毫无影响的为难或厌烦的念头，而专心致志地思考如何应对困难的局面。

此外，我们或许还经常听到诸如此类的牢骚：“领导怎么交给我这么麻烦棘手的工作，真没办法！”或者

"怎么偏偏摊上我和那个难缠的客户打交道？真叫人头疼！"

我认为当你产生类似念头或情绪之际，如果改变思维方式，以"这个工作必须要由我来完成"或者"这个客户必须要由我来打交道"的积极态度来思考问题的话，你的厌烦和窘困的心境一定会有所改变，你的眼前一定会出现一个崭新而乐观的局面。

即使暂时难以达到六祖慧能所倡导的"不思善，不思恶"这一思想境界，我们可以尝试一步步地清除心灵上的污垢。

迈开双脚行路

佛教极力主张"舍弃欲望"。但是，我们每个人都清楚地知道，人人都有七情六欲，这是生来所具有的本能，处世为人，是消除不掉自身的欲望的。

七情六欲之中产生烦恼，人间的烦恼之最就是"四苦八苦”。“生老病死”之“四苦”加上“爱别离苦、怨憎会苦、求不得苦、五阴盛苦”。我认为对于世人来说，最为致命的就是嫉妒之心。

在我们周围，有不少人总是双眼紧盯着他人的一举一动。比如盲目地羡慕“同时参加工作的某人比自己先提干了”，“同事最近购置了高级私家车”，或“朋友家的生活比自己家豪华奢侈”等等，到处去窥探其他人的日常生活。这就是我们经常说的嫉妒心。

溯本求源，这种嫉妒心源于自身欲望永无休止的膨胀，源于自身的愚痴无明。

正是由于自身愚痴无明，所以看到他人的优点和长处，不是去虚心地学习，而是满腹牢骚地抱怨：“哼，他有什么了不起，不就是会耍一点小聪明吗？”

一般来说，这种嫉妒心较强的愚痴之人，缺乏主见和自信。如果自己有了正确的主见和自信的话，就完全没有必要去嫉妒他人。

但是，所谓正确的主见和毫不动摇的信念并不是可以一蹴而就的，需要经过反反复复地磨炼和培养而逐渐形成。

当你走在平平坦坦的人生旅途之中，经常会有一些机缘促使你从原有的基点升高一步，经过诸如此类的不断积累，你一定会不知不觉地察觉到：“啊，我也能达到这个地步！”

我认为至关重要的就是要持之以恒，不断前进。往往有这种情况，虽然你自己认为已经付出了不少努力，但是似乎却并没有前进。即使头脑中出现这种感觉，也要脚踏实地不断地前进。如果持之以恒，终究要迎来向上进步的机遇。

我本人亲近师父二十余年，其间有时就可以瞬间地感觉到，自己在某一点上得到了师父的认可和赞许。

但是，这并不是指受到了师父的某种口头表扬，或者得到了师父的某种物质奖励，而是指在极为平常的岁月流逝之中与被师父“认可”这一感觉邂逅，或者说是自己自觉地认识到了这一点。如果抵达了这一境界，你周围所有的一切都将随之发生显著的变化。

那么，这种境界究竟是一种什么样的境界呢？我认为可以将其称为“火烧不化，水淹不溺”的心境。换而言之，就是天不怕、地不怕，无所畏惧；不论任何场合，都能够堂堂正正地生存下去。

这样一种心境，不论何人，或迟或早总会前来造访，不必焦躁多虑。

铁杵终会成针

前不久，我前往相国寺东京分院指导坐禅之际，曾经有缘和一位年届九十一岁高龄的长者进行了一次短暂而颇有意义的交谈。

那一天，坐禅会结束不久，我的徒弟就走上前来对我说：“管长，那位老先生在休息室等您呢。”听到徒弟的这句话，我赶紧去见那位长者。

我一走进休息室，那位长者就迎上前来开口说道：“管长，今天听到了您的一席话，我特别兴奋。您的教诲解开了纠缠在我心头六十多年的疙瘩，心情格外舒畅。

所以，无论如何也要向您当面表示谢意。”

听到这位长者的激动之辞，我不禁暗自思忖：“我今天的法话，究竟什么地方触动了这位长者的神经，而使得他的心情如此爽快明朗呢?”换而言之，眼前的这位长者无论遇到任何烦恼忧愁之事都会一笑了之、泰然自若。这真是一个妙不可言的境地呀！

我感觉这位长者已经将妒忌、欲望、执著、嗔痴等等抛到了九霄云外，抵达了所谓“无”的境地，可以头脑清爽地活在世间。这就是我们孜孜不倦地追求的实实在在、坚实稳固的自我。

抵达这一理想境地的时间，因人而异：既有花费了六十余年漫长岁月而抵达彼岸的这位长者，也有一瞬之间悟得真谛之人。不论抵达这一境地所耗时间的长短，至为重要的原动力只有佛法。

中国宋代杰出的诗人苏东坡留下了这样的佳句：

无一物中无尽藏，

有花有月有楼台。

这两句诗揭示了这样一个哲理：看似一无所有之处，实际上隐藏着天下万物，既有万紫千红的鲜花，又有明亮皎洁的月色；大千世界，风情万种。人间世界的确如此，一无所有的世界，实际上就是森罗万象的世界。

如果我们体悟到了这一真理，我们眼前的一切都将放射出耀眼的光辉。我们则将发自肺腑地感叹："啊！我能够降临到这个世界，该有多么幸福而美好啊！"

毋庸赘言，及早地觉悟到这一真理固然为好，但是丝毫没有必要急躁和懊恼。俗话说"百人百色"，只要顺随诸缘、不懈努力，或迟或早一定能邂逅这一无限美好的境界。

断舍离的世界

近来，谈论"断、舍、离"的话题特别多，不知道在座的各位是否有所耳闻？

所谓"断、舍、离"，源自瑜伽的行法哲学的概念。

截断执著，称为“断行”；舍弃执著，称为“舍行”；远离执著，称为“离行”。这一概念与佛教的根本理念一脉相通，与释迦牟尼佛所倡导的宗旨如出一辙。

如果我们每个人在日常生活中努力奉行“断、舍、离”，并在实践“断、舍、离”中努力生活的话，就是在身体力行地实践佛道修行。但是，这在现实生活中往往很难付诸实践。

不过，我认为即使在现实生活中很难做到与自身的执著“断、舍、离”，但是如果我们将这一宗旨时常挂在心头某处，在机缘成熟之际就可能瞬间与具体行动连接起来。

如果我们养成了这样一种思维习惯，那么我们就有可能自然而然地以“断、舍、离”之心，对待和处理迄今为止不加任何思索而行之事。

说到“截断”，我们在日常生活中经常为了某种目的而断食，即辟谷。我本人也曾经尝试过几次辟谷。如果一周之内不食任何食物，而只靠饮水来维持生命的话，最难熬的就是第三天，饥饿难挨之感阵阵袭来，痛苦不堪。

但是，如果熬过了第三天，头脑则变得清澈无比，体内积存的食物将全部排泄出来而只存有积水。体内积蓄的有害元素全部释放出来之后，终日浑身清爽异常。

辟谷期间，我经常伏案撰稿，打算把堆积下来的稿件都处理完。令人不可思议的是，自己平时在头脑中思考的文章内容竟然全部井然有序地排好了队，下笔如流，一发而不可收。平时，自己左思右想也很难下笔的一些文章，仿佛从天而降一般地跃然于原稿纸上。

辟谷期间，我照常应邀前去讲演，或参加坐禅会指导坐禅。虽然不进一口食物，但是其他日常生活照常进行。乘坐新干线往返于京都和外地之际，看到周围的旅客手捧香喷喷的盒饭，而我却只是一口接一口地往嘴里灌水。一周过后，体重整整减了五公斤。

也许有人要问："你为了什么目的而辟谷呢?"说老实话，我当年尝试辟谷并没有任何理由。只是有一天，自言自语地说道："我今天开始辟谷，除了水什么都不进口了。"因为事先准备来准备去的做法不合我的秉性。换而言之，当我向自己的大脑和肢体发出了辟谷的指令后，我仿佛听见自己的体内发出了这样的声音："啊，又开始辟谷了？好，交给我们吧！"

毋庸赘言，我绝不提倡在精神和肉体上还没有适应辟谷的人，进行这种极有可能危及生命的鲁莽冒险。一般来说，辟谷应该在有经验者的具体指导下进行。

瑜伽与断舍离

说到修行方法，"瑜伽"比"辟谷"更为艰难而残酷。

瑜伽这种修行方法主张，通过各种修行手段来折磨自身的肉体，直至达到极限。经受这种磨炼考验之后，修行者的精神境界必将升华到一个崭新的阶段，从而获得人格的进步成长。

我们都知道，释迦牟尼佛在开悟成道之前，曾经走过了漫长而残酷的苦行修炼道路。

当年，释迦牟尼佛力图通过折磨乃至摧残自身的肉体而获得精神解脱的自由境界。为了达到这一目的，他在密林树下跏趺而坐，不分昼夜，身不着衣，不避风雨，不卧不起，专心静坐，修习瑜伽禅定；尝试了节食、断食，乃至抑制呼吸等修行苦练的方法。最终，极度地摧残了自身的肉体，骨瘦如柴，几乎已经衰弱到了濒死的边缘。

长达六年的苦行修道生活，并没有使曾经身为悉达多太子的释迦牟尼佛寻找到一个真正有效的解脱方法。经过种种磨炼苦行，他终于醒悟到：当时印度的哲学思想体系中没有使人达到大彻大悟的道理，单纯依靠折磨摧残自身肉体的苦行徒劳而无益，不可能达到精神觉悟这一目的。为了恢复长年苦行消耗的体力，他最终选择了终止苦修苦行的道路。

终止了苦修苦行后的悉达多太子接受了村中一位牧羊女子苏嘉塔供养的乳糜，逐渐恢复了昔日的强健体魄。随后，又去尼连禅河边净身沐浴洗衣，用清净的河水清洗了身上六年的积垢，顿觉遍体清凉、元气焕发。于是，他开始尝试通过冥想而觉悟真理的途径。悉达多太子来到菩提伽耶，在一株高大茂密的菩提树下结跏趺坐，进入静思冥想的状态。

悉达多太子在菩提树下趺坐四十八天后，顿然觉悟，得无上大道，成为圆满正等正觉的佛陀。

根据佛陀觉悟成道的经历，佛教主张苦修苦行并不可能导致开悟，而与瑜伽截然区别开来。

那么辟谷的目的何在呢？我认为辟谷归根结底只是为了截断“想吃”这一执著，通过截断食欲这一手段来体验身心清爽的境界，不断地磨炼自身的灵魂世界。

磨炼自身灵魂世界的手段数不胜数，关键的问题在于实践。我们应该在适合于自身的各种场合不断地尝试和体验“断、舍、离”。

在不断地尝试和体验“断、舍、离”的实践过程中，我们可以脚踏实地地确认自身的灵魂世界所发生的变化，使我们短暂而宝贵的人生更加丰富多彩、更加绚丽夺目。

第四章

洗涤心灵

包容天下万物

包容世间万物，这就是佛教倡导的基本精神。换而言之，挑三拣四、厚此非彼，这种对待客观世界的看法和做法有悖佛教的宗旨。但是，生活在纷纭复杂的大千世界的世人，往往以所谓“优”和“劣”这两个颇为极端的既定概念来衡量和评价周围的事物。

下面，我们共同来看一个出现在我们日常生活中的浅显易懂的事例吧。最近，所谓日本的传统国技“相扑”的最高级别选手——“横纲”的品格问题，被各家媒体炒得沸沸扬扬。

近几年来，有两位蒙古国的相扑选手朝青龙和白鹏活跃在日本的相扑界。每当这两位选手一同出现在“土俵”（即相扑竞技场）上时，各家媒体的体育节目主持人和体育评论家总是要将其二人相互比较，如：“白鹏这位外国出身的相扑选手具备了相扑选手的品格和美德，而同为蒙古国出身的朝青龙却有失‘横纲’级选手的品格和风度。”

如果从这两位外国籍选手在相扑竞技场上的外在表现来看，上述评论似乎不无道理。白鹏这位外籍选手在场上不论胜负都面不改色、从容自若，从日本人的美学意识及外观感受立场来说，比较容易被接受和受到赞许。

然而，另一位外籍选手朝青龙，在竞技场上则给人以盛气凌人的印象。例如，朝青龙对待级别低下的选手总是虎视眈眈、横眉竖眼。当对方已经陷入败势之后，手下依然毫不留情，时常摆出欲将对手置于死地的架势。每当负于对手之后，他总是满脸悔色，每当胜于对手之后，他经常打出胜利者的手势，给人以不可一世的外观感觉。所以，朝青龙在竞技场上的上述动作表现，引起各家媒体的褒贬评论也并非不可思议。

但是，说一千道一万，朝青龙在竞技场上的种种表现体现了其本人的处世哲学，这是无可非议的。

朝青龙用自身的实际行动，积极地实践着“不管他人说三道四，只要我能够保持强势，战胜对手就行”这一竞技生活哲学。我认为，在日本传统的体育竞技相扑“土俵”上，如果不表现出“横纲”所应该具备的所谓“品格”，就不能称其为名副其实、堂堂正正的“横纲”等等。诸如此类的“闲言碎语”，只不过是日本人根据自身的主观感觉而制定的评价标准，换而言之，只不过是日本人为所欲为地强加于他人的价值观念。

我本人十分赞赏朝青龙所表现出来的那种不屈不挠、拼死相争的竞技生活哲学。我认为那些讥讽挖苦朝青龙的人，应该首先检点一下自身为人处世的态度是否端正。

我们可以设想一下，如果朝青龙变成一个唯唯诺诺、俯首帖耳的“横纲”的话，他的相扑还有什么味道？还有谁会去为他捧场喝彩呢？那个伸出“鹰爪”一把抓过来“悬赏金”，而后大步跨下“土俵”的豪爽形象，就是朝青龙的本来色彩。

在日常生活中，朝青龙曾经与朋友因为口角而动起手来，因此被媒体渲染为“场外乱斗”。毋庸赘言，这是绝对不可取的，所谓“保持强势”只能体现在相扑的竞技场“土俵”之上，这也是不容置疑的。

不可墨守成规

如果按照一般日本人的价值观念来衡量，朝青龙当然属于不遵守所谓约定俗成的“规矩”之人。我认为，如果过于拘泥所谓固有观念而人云亦云的话，则将压抑乃至丧失自身特有的个性，并将使自己的宝贵人生陷入乏味而黯淡的歧途。世间之人经常口口声声地强调“个性至为重要，要善于发挥自身的个性”，但是总的来说，日本人注重集体协调性及墨守成规的倾向比较显著。

在那场将日本人拖进了苦难深渊的战争中，大部分日本人盲目地崇信一小撮战争狂人鼓吹的所谓“修身养性”等胡言乱语，因而把自己捆绑在战争的“火球”

上，走上了帝国主义侵略掠夺的不归之路。难道我们都忘却了那场战争给我们带来的痛苦不堪的经历和回忆了吗？我们的父辈所信奉的循规守矩、俯首就范的愚昧至极的人生哲学给其自身带来的杀身之祸，难道不是显而易见之事吗？

一言以蔽之，我们每一个人自从呱呱落地以来，都是自由之身。

既然我们每个人生来都是自由自在之身，那么为什么却要束缚自由的精神，为什么却要循规守矩呢？我本人对于这种人生哲学不仅难以苟同，而且嗤之以鼻。因为既然身为自由自在之人，就完全没有必要去循规守矩。

但是，在日常生活中，我们的耳边经常可以听到“那个家伙不合群儿，是个刺儿头，真难剃”或者“就是因为他，所以步调才不统一，真棘手”等等诸如此类的闲言碎语。我认为正是这些闲言碎语混淆了我们的视听，干扰了我们的正常思考和行动。“不合群儿”者按照自身的价值观去思考行动，“步调不统一”者按照自身的固有步伐去思考去行动，难道这不就是我们每个人生来具有，并且无比向往憧憬的自由自在的生活方式吗?

我认为被视为社会常识的所谓“传统的观念”或“既定的经验”等，只不过是每一个社会进程中人为地酿造出来的“时代的空气”，只不过是人云亦云而模棱两可的“时代的托辞”。毫无疑问，这种落伍的时代产物必须抛个一干二净，加以彻底铲除。

彻底铲除所谓既定概念和固定格式，而采取“因人而异，因地制宜”的思维方式和行动准则，才可以称之为自由自在之人的生活方式。如果我们每个人都能够回归各自有生以来的本来面目，那么就一定都能够轻松而愉快地尽享人生。

切莫不懂装懂

十七世纪，法国诞生了一位名叫布莱士·帕斯卡（1623～1662）的数学家、物理学家、思想家。布莱士·

切莫不懂装懂

帕斯卡曾经说过：“人只不过是一根芦苇，是自然界中最脆弱的东西，但他是一根能思想的芦苇。”

在日常生活中，我们每一个人都在经常地考虑工作问题、人际关系问题、家庭生活问题、自身将来的前途问题等等。当然，还有不少人在思索人生乃至生存的意义等范围更加广泛的问题。

然而有些问题，不论你如何绞尽脑汁去思考，都永远不会找到所谓正确的答案；还有些问题，不论你如何去寻求解决的办法，却永远都无济于事、束手无策。

公案，是禅门参禅悟道的一个至为重要的工具。所谓公案，本义为官府中判决是非的案例。禅宗将历代高僧的言行记录传承下来，作为坐禅者的指南，久而久之成为一种思考的对象，或修行坐禅者的座右铭。所以，公案具有绝对的尊严和权威，即可启迪参禅者，又可用来研究，并且作为后代依凭的法式，故称公案。公案倡始于唐代，至宋代蔚然成风。禅宗东渐，中国禅宗典籍和禅门公案语录也传入日本。

具体地来说，所谓公案就是禅师对弟子提出的禅悟问题。

弟子们接受了公案之后，就要从早到晚去拼命地思考答案，去寻找自身对于公案的解答。但是，所谓公案本来并没有一个约定俗成的固定答案，它本身可以基于参禅者自身的参悟，得出各种各样的解答。所以，闭门造车去苦思冥想，有时反而会成为参悟的绊脚石。

中国禅林中有一则名为“狗子佛性”的著名公案。

当年，著名禅师赵州从谂（778～897）驻锡赵州（今河北赵县）城东观音院，举扬禅风。某学僧问赵州禅师：“狗子还有佛性也无?”“狗子”就是狗，这个疑问的意思就是：狗有佛性，还是没有佛性?赵州禅师即刻斩钉截铁地答道：“无。”

如果我们单纯地按照字面来思考问题的话，这一个“无”字的意思就是说：狗有什么佛性不佛性的，没有!但是这样的理解未免有失偏颇。因为佛教主张“一切众生，悉有佛性”，这就是说：世间所有生存之物都具有佛性。此外，佛教还强调“山川草木悉皆成佛”，这就意味着：自然界所有的万物生灵都是佛性的显现。既然如此，难道能说狗没有佛性吗？

由此可见，赵州禅师所回答的这个“无”字，并不是一个单纯从字面上就可以解释清楚的问题。其实，赵州禅师所要阐述的真髓在于：所谓“有”也好，或者“无”也罢，只不过是禅修者根据自己的主观意识而做出的判断。世间存在着将这种源于主观意识的无稽之谈一刀两断的世界。

所以，我认为“公案”并没有所谓正确的答案，其解释往往因人而异。上述有关赵州禅师“无”字的解释只不过是一般性的诠释，至于赵州禅师的真实本意，恐怕无人知晓吧？

这就是公案的真面目。

随缘任运行路

像人生没有一个标准的答案一样，所谓禅门的“公案”也没有一个明确而肯定的答案，一则公案往往有许许多多的解释。我认为，所谓“公案”，就是即便可以直观地感觉到，但是却难以用语言来具体表述出来的“难题”。

我当小和尚参禅修行的时候，就曾经为公案而大为苦恼。从师父那里接受了公案以后，就独自一人闷在禅堂里一边打坐，一边苦苦思索。当自己觉得已经悟出了眉目，而兴高采烈地去禀告师父时，每次换来的都是师父摇动的表示否定的铃声。这铃声就意味着从头开始之意。

每当此时，师父既不发表意见感想，也不提供任何启发暗示，只有一声铃响。铃声一响，就必须默然退下，等待重新有所进步，再拿去向师父禀报。如此循环往复，毫无休止。

有时，尽管冥思苦想绞尽了脑汁，换来的却都是发自师父手中的无情的铃声。折腾来折腾去，最后脑袋变成了一个空壳子，嘴里再也蹦不出一个字来。然而，往往到了这个阶段，眼前豁然一亮而进入所谓“开悟”的身心状态。身为师父，当然最为了解自己徒弟此时此刻的精神状态而予以首肯。

当然，获得了师父的肯定：“对呀！就是它！”身为徒弟的我们，在理性上就是搞不懂“就是它！”中的“它”字到底包含着什么意思。为了得到师父的首肯，我们有时甚至花费两三年的心血。这种师徒之间的参禅传承的过程，可能就只有师徒二人知道，而难以用语言来表述的“以心传心”的世界吧。

禅师们为什么要将自己的弟子推向无论如何思考也一筹莫展的绝境呢？其目的就在于力图借此来否定执著于语言思考的精神状态。

但是，在实际的参禅过程中，绞尽脑汁而冥思苦想，其结果总是想来想去而终究不得要领。

“这个答案怎么样？啊！不太妥当，那个答案可能更好一些吧？”如果你的思维方式还停滞在以某种“尺度”来衡量和判断是非这一阶段的话，就不可能有所觉悟、有所进步。那么，到底应该怎样做才能够找到所谓“标准”的答案呢？“诀窍”只有一个，那就是刨根问底，穷追不舍。

当你的思维陷入静止不前的绝境之际，一直萦绕在你脑海中的固有“尺度”则将消失得无影无踪，迄今为止你所拘泥和执著的所有一切也将消失殆尽，或者可以说，你已经抵达了一个更高的境界。

如果抵达了这一境界，你将会自然而然地觉察到“想来想去，原来毫无用处”或者“挖空心思，苦思冥想，简直愚昧至极”。换而言之，随缘任运、自由自在的生活方式至为重要。

毋庸赘言，我们并不否定认真地思考人生的价值及自身的生活方式，我们只是提醒思考者：力图通过苦思冥想而寻觅出所谓“标准”答案的思维方式是极为幼稚的，当然也是不足为取的。

如果无论如何苦思冥想也找不出答案的话，那就暂时放一放；如果无论如何努力奋斗也找不到解决办法的话，那就暂时撂一撂，这是一条消除烦恼和忧愁的极为有效的途径。

如果我们掌握了这一解决矛盾和消除烦恼的思维方式，那么烦恼和迷惘则将消失殆尽。

顺势随缘为安

在世为人，人们一般都崇拜强者，同时也希望自己能够顽强地生活在这个世界上。

我们平时经常议论："那个人很强大。"或者"那个人特别软弱。"那么，判断和衡量所谓"强大"与"软弱"的标准究竟是什么呢？当然，不仅这个判断和衡量标准因人而异，而且很多人的外表与实质存在着很大的落差，所以我们不能笼统地一概而论。

比如，有一些人的外表看似精明强干，而实际上这种人往往内心脆弱不堪；不少人喜欢虚张声势借以掩饰自身的弱点和短处。而那些端着双肩、满街阔步横行的所谓"强者"实际上都是外强中干之辈。这类人正是由于知道自己的弱点和不足之处，所以才竭力摆出一副强者的样子，借以掩盖自身的本来面目。所以，我们不能以貌取人，真正的强者往往难以使用常规手段来衡量和判断。换而言之，那种貌似强大的外表毫无意义。

不论任何人看到纤细而柔软的柳枝都不会产生强壮的感觉，因为柳枝与所谓“强壮”的形象风马牛不相及。

实际上，柳枝具有十分强壮的生命力。常言道：“柳枝不为雪折腰”，不管多么大的积雪，柳枝都不会因此而折断；不论多么大的狂风，柳枝也都随其摆动不会因此折断。这就是柳枝的性格。

柳枝任凭风吹

日本江户时代后期，有一位活跃在九州博多地区的著名禅师，名叫仙崖义梵（1750～1837）。

仙崖义梵禅师为人诙谐，颇善绘画。他绘制的禅画大多寓意深远，以画论禅；尤为喜好描绘强风肆虐之下的柳枝。他曾经用下面这句名言称赞柳树：“任凭强风吹，柳枝笑相迎。”这是在形容：哪怕不称心的强风吹来刮去，柳树都以笑脸相迎，傲然地挺立在严酷的大自然之中。

我认为在那纤细而柔软的柳枝上，仙崖义梵禅师不仅感受到了所谓强者的真正面目，还感受到了柳枝的极为出色的生存方式。

面对肆虐凶残的大自然，如果竭尽全力去拼命抗争，必然在自身的能量达到极限的状态之际而失败。对于柳枝来说，如果疲劳达到了临界状态，迟早要在强风的摧残之下，或者在积雪的重压之下而折断。在许多场合，竭尽全力往往与脆弱不堪同为孪生兄弟。

人的精神状态也是如此。如果具有柔软而宽容的精神境界，就能够不拘泥于环境和条件而灵活地处理任何矛盾和纷争。

这种精神状态如同柳枝一样，面对强大而激烈的外界冲击，柳枝以其纤细而柔软的身躯加以缓冲，回避正面交锋，结果消除了紧张对峙，保持了自由而豁达的精神状态。

然而，世人所推崇的所谓强者，一般表现为“力量型”的坚强，即擅长以强力对抗强力，而这样做的结果只能是一方折服于强力，或两败俱伤。这种强者表面上坚强无比，而实质上却脆弱不堪。

我认为真正的强者，应该如同柳枝一样善于以柔制刚，这样才能克敌制胜。

平心静气放松

在日常生活中，我们每个人的心中都会经常吹入不少来自外界的“歪风邪气”，这些歪风邪气使我们困惑不解，或者怒气冲天。如果我们对袭来的每一股歪风都加以反击，并欲置其于死地的话，则将如同火上浇油而引火烧身，最终使我们自身遍体鳞伤，陷于不能脱身自拔的危险窘境。

那么，面对这些歪风邪气，我们应当如何行动为好呢？答案只有四个字——“松弛身心”，或者我们常说的“放松”。

“放松”这两个字看起来虽然简单，但是当你全神贯注地投入某一行动时，嘴上念叨着：“别紧张，放松！”而实际行动上却往往难以如愿以偿；往往越集中于“放松”二字，动作却越紧张僵硬。那么，怎样才能在日常生活中消除一触即发的紧张状态呢？

我做小和尚时，每天从早到晚琢磨念叨师父布置的公案，经常走火入魔。每当师父见到我这副精神状态，就引导我说：“如果你过于集中地去思考公案，就什么也得不到。暂时把自己的想法抛到一边，搁一搁、撂一撂！”师父是在教育我：要把积蓄在体内的能量一下子抛出来，以达到松弛高度紧张的神经的效果。不论是对待自身内部的精神压力也好，还是对待来自外部世界的歪风邪气也罢，道理都是一样。

比如，当自己信心百倍而胜利在望，或者自己打算在对方面前显露身手之际，常常为上司或同事对自己的过低评价而恼火。这时，最要紧的就是要放下、要舍弃。如果舍弃了一切“私心杂念”，你的身心就将变得清净而爽快，就将以相称的姿态显现于他人面前，所有压力和烦恼也将随之而消失。所以，放松所要解决的就是精神状态的问题。如果只是在口头上反反复复地念叨“别紧张，放松！放松！”其结果只能适得其反。

相反，如果你在精神上达到了放松而获得了解脱，你的精神状态就将处于不善不恶、不上不下、不左不右的正中位置，这就是真正的“放松”状态，也就是人们常说的“自然”状态。如果身心达到了这样的状态，就可以灵活自如地应付眼前所发生的一切，解除偏执、消除烦恼。

所谓偏执，起因于心灵的错位。如果整个身心达到了自然状态，所有偏执、争斗、烦躁、迷惘都将不复存在。由此可见，“放松”二字涵义丰富而深远，至关重要。

此外，我们还要学习柳枝的处世哲学，如果我们具备了柳枝之心，就可以应对任何突变或残酷的客观环境，不为之所动。不论生活中出现辛酸痛苦，还是悲哀懊悔，我们都可以因势利导、泰然处之。

正如风终究要止住一样，不论多么恶劣的客观状况也终究要发生转变，进而风平浪静、销声匿迹。

毋庸赘言，我们每一个人的心目中都抱有对“坚强”这一形象的既定概念和印象。比如，不畏惧任何困难，如同不动明王一般毫不动摇；不畏惧任何风险而毅然决然地迎接挑战；勇于正视自身的失败和谦虚地承认自身过错；无论任何情况下都能够不失冷静地灵活应对，等等。

上述这些所谓“坚强”概念都各有其特点，但是如果寻根溯源的话，它们都同出一辙，都是以松弛身心，以柔和之心，即柳枝之心为本。日本曹洞宗开祖道元禅师（1200～1253）将开悟的境界称为“身心脱落”，讲的就是这个道理。

所谓“身心脱落”就是脱离开一切束缚，达到融通无碍的生存境界，这里的“脱落”二字，就是松弛身心之意。

世间万事，无论如何面红耳赤，青筋突起，诉诸暴力，对于解决矛盾都无济于事。从容不迫、心平气和才是人生的一条光明大道，它可以使不断上涨的情感之河

基本上没有任何疲劳的感觉。对于我来说，蒙头大睡并不是一个休息的好办法。

说到“休息”二字，一般人马上就会联想到，嘴上念叨着“啊，累了！”而解衣就寝的状态。在我的人生字典里，所谓“休息”二字的本意是，左手做着一件事，右手又开始一项新的工作。

比如，为了准备第二天的法会，我常常整天地阅读各种书籍，查找各种文献资料。这样一天下来，有时确实觉得整个身体都变得挺直僵硬。但是，即使出现这种身体状态，我也从来没有躺在床上，依靠睡眠来摆脱身体的疲劳。

每逢这种场合，我经常提起笔来绘画写字，或者泡上一碗浓茶，让自己的身心来一个一百八十度大转弯。说也奇怪，可能是不同部分的脑细胞的作用，感觉身上的疲劳顿时消失得无影无踪了。

如此看来，如果我们在身体感觉到疲劳时，把身心的力量转往另外一个方向的话，疲劳的感觉将得到不同程度的缓解。或者也可以这样认为，疲劳的感觉不是来自身体，而是来自头脑、来自人心。换而言之，我们的肉体感觉到的疲劳是由于诸如“啊！今天可是做了不少事儿，太累了”或者“来回跑了这么远的路买东西，累死了”等念头在头脑中作祟的缘故。所以，往往肉体的疲惫感觉是由于“累了”这一主观意识而导致的。

归根结底，所谓疲劳的感觉并不是出自肉体，而是来自心灵。

“唉！还得继续学习呀……”“嗨！这工作怎么堆了这么多……”如果以这种思维意识面对学习或工作，其结果必然将要产生疲惫不安的感觉。如果将自己始终置身于一种极为被动的精神状态，其结果必然不会从学习和工作中得到乐趣，久而久之，将会逐渐丧失学习和工作的热情。

这种恶性循环的结果，必然导致一年到头疲惫不堪，每天叫苦连天。

改变主观意识

近年来，我本人兼任着三重县一家弱智儿童疗养所的理事长。每当我接触到生活在这里的孩子们，就深深地感到：我们成年人经常挂在嘴边的“累”这个感觉，在许多场合就是我们自己的头脑人为地制造出来的。

这家疗养所位于山坡上，山坡后面就是一片开阔的农田。疗养所的老师们经常领着孩子们去农田做农活。“铁锹要这样用……”，虽然老师们手把手耐心地示范讲解，但是对于这些弱智儿童来说却基本毫无成效。看上去，他们是在认真努力地模仿老师们的示范动作，但是这些孩子的手脚和大脑无论如何也配合不协调。即使这样，孩子们还是一声不吭地练个不停。

据疗养所的老师介绍：有一次带队的老师因为急事必须马上返回所里，所以把孩子们扔在了农田里。当老师处理完急事匆匆返回农田时，天已经黑了下来。看到仍在暮色中挥汗如雨的孩子们，这位老师不禁自言自语地说：“要是换了正常人，一定会有人大喊大叫，‘该吃饭了！不干了！’‘今天太累了，回去吧！’”可是眼前的这些弱智儿童却毫无怨言。当然，这些孩子的肉体上会出现不同程度的疲劳，但是加速疲劳程度的“累”这一念头在他们身上似乎没有产生任何作用。

听到老师讲述这件事后，我不禁暗自思量：从某种意义上来讲，我们正常人在某些方面还不如这些弱智儿童，他们的行动中没有掺杂任何私心杂念，所以不论做什么都一丝不苟，任劳任怨。我们头脑和肢体健全者应该从他们的行动中有所启发，深思反省。

由此可见，“上班族”经常挂在嘴边的“太累了”这一感觉，不仅来自肉体，更主要的是来自精神；为生计而劳作的意念会加速肉体的疲劳感觉。不可否认，劳作是人类谋生的一个重要手段，但是关键在于，我们要善于调节自身的心态，热爱本职工作，在工作中努力寻找劳动的乐趣。

劳动、休息，休息、劳动，被认为是一条人生的自然规律。我认为这是人们对“休息”这一概念的误解。如果重新启动处于终止运动状态的四肢，一般需要花费较大的能量；反之，如果使自身的精神始终处于“运动”的状态，就可以随时随地调整身心状态，更有效地发挥自身的主观能动性。

我们要把自己的人生当做一只陀螺，在不停地转动中变换劳动方式，更加完善地实现自己的人生目标。

心随万境而转

我经常听到周围不少人抱怨：“人世间最为麻烦棘手的莫过于人际关系。”

我们每个人可能都有一些不想见却又不得不见的上司，或者不想接触却又不得不交往的同事和朋友。

即使如此，摆在我们面前的现实问题是，我们往往难以摆脱这种有违本愿的交往。久而久之，日常的烦恼变成了无形的精神压力，乃至导致精神崩溃。

那么，究竟如何是好呢？我认为这个答案再简单不过了，那就是，如果舍弃所谓“喜好”或者“厌恶”这种愚昧凡俗的情感，一切烦恼则将烟消云散，一切矛盾就会迎刃而解。

这个道理看似非常简单，但是一旦陷入厌恶的情感纠葛，我们往往难以即刻从这种情感中解脱出来。一般人往往嘴上叨咕着“讨厌！讨厌！”而任由厌恶之感不断上升激化。那么，解决这个矛盾的关键在什么地方呢？关键就在于“转化”这两个字。换而言之，要临危不惧，启动“转向开关”，适当调转方向而转祸为福，转败为胜。

人生好比舞台，当你变换角色，以不同的面貌亮相在背景迥异的舞台时，观众也将随之而心驰神往，共同步入一个崭新的世界。

那么，如何运用“转换之力”造就崭新的人生舞台呢？答案只有“动”。只要你善于发挥主观能动性，就一定能够柳暗花明，开拓出一片新天地。

印度禅宗第二十二祖摩拏罗尊者的名偈云：“心随万

境转，转处实能幽。”这是在教诲我们：因为世间万物都处于瞬间万变的无常状态，所以我们的思维和行动也必须随着世间万物的变化而不断地转变。

如果过于执著事物的某一局部，则往往容易陷入僵局。所谓培养自身的“转换之力”的寓意就在于此。如果善于转换方向，展现在我们面前的将是一片妙不可言的光明世界。

在日常生活中，人与人之间由于价值观念的不同，或者由于文化背景和教育程度的不同等原因，相互之间往往容易发生意见隔阂或言语冲突。每逢出现这种人际关系的矛盾状态，不少人往往怨天尤人：“这一切都怪那个人，他真是一个令人讨厌的家伙。”从而使自己的心中出现芥蒂，与他人之间产生感情隔阂。出现这种情况，如果你在自己的内心中不断地告诫自己：他只不过是个“人”的话，你的心境将会逐渐发生转变，心中的芥蒂也将逐渐消散。

所谓“转处实能幽”就是教诲我们：实现心境的转换将给我们带来无上的喜悦。通过不断地转换，阻碍我们前进的心中的芥蒂，例如好恶、忧喜等等感情障碍都将不复存在，我们将能够如实地正视并对待一切客观存在着的事物，而不为之干扰和迷惘。

但是，实现心境的转换并非一件容易之事，需要不断地积累人生的经验，不断地加强修炼。

如果具备了“转换之力”，也就不至于陷于精神紧张的状态。流水不腐，户枢不蠹，只要我们善于不断地转换和疏导，就能够保持生命之树常青。

凡事“三思而后行”之语经常受到世人的推崇。但是，我认为深思熟虑而谨慎从事之人，往往由于过于谨小慎微而导致失败。一般来说，这种人不可能依靠“转换之力”去开拓新局面而成“大器”。

我们要培养和锻炼自己的思维方式，逐渐地清楚产生好恶之感的根源。如果我们消除了根源，一切就将迎刃而解。

我们要放弃执著，转换开创，从而赢得人生的主动权。“转换之力”是我们每个人都可以掌握的巨大能力，“转换之力”将给我们短暂而宝贵的人生带来无限的成功喜悦。

舍弃好恶之感

我上小学三年级的时候，多年来一直陷于感情危机的父母最终无奈地选择了离婚之路。于是，我们兄弟三人被寄养在九州久留米的一户与有马家有因缘关系的人家，等待父母协商决定我们各自的命运。

家兄身为长子，所以顺理成章地被定为有马家族家业的继承人，弟弟尚年幼无知，跟随家兄一同迁往堂兄居住着的有马家别邸，而我被送进了久留米藩（藩为诸侯领地之称——译注）第一代藩主丰氏为有马家族建造的菩提寺（家族世代皈依供养的寺院——译注）。

当年，我刚满 8 岁，幼小无知、天真烂漫，虽然身为禅寺的小和尚，但是每天照旧去小学念书。

当年，我从东京转学到地方小学，又是一副身着皇室贵族子弟学校“学习院”崭新的校服，脚踩锃亮的皮鞋的打扮，自然要引起周围那些衣衫褴褛、脚蹬草鞋的乡下同学们的嫉妒。在这个世界上，“与众不同”这个唯一的理由就可能使人成为被歧视虐待的对象。“神气什么！煞煞他的威风!”接踵而来的就是一顿拳打脚踢。

我在孩提时代经常受到周围同龄人的欺负虐待。每逢这种场合，我总是表面上咬紧牙关，默默忍耐，可是心灵深处却不断遭受严重的创伤，以至逐渐消极萎缩。

放了学回到寺院后，等待着我的是寺内繁重的劳动。我的师父刚刚三十岁出头，血气方刚，加之刚刚修行结业不久，护法育人的使命感异常强烈。我入寺时，寺里还有两位早已入门的师兄。我们师兄弟三人不论谁出了任何差错，哪怕扫除的方法不对头也要遭到师父的惩罚。师父的拳脚或者扫帚把总是先于训斥飞将过来，就如同家常便饭一样。

现在回想起来，当年那段漫长而艰苦的修行生活，禅门的拳脚棍棒式的教育方式，对于我来说就是接踵而来的身心磨炼。当年，我虽然还是一个羸弱不堪的孩子，但是自己的幼小心灵中也曾经产生过一种朦胧的意识，即“我现在就是孤零零的一个人，谁也指望不上，我要靠自己的力量活下去!”

自从心灵中产生了这种朦胧的意识之后，我开始逐渐察觉到，一直萦绕在自己脑海中的憎恶、娇爱等主观意识和感觉仿佛烟消云散般不知去向了。

按照一般常理来说，遭受他人的欺辱虐待，自然而然地要产生对造恶者的憎恶之感，但是当你觉察到了自身顺应外部世界能力的进步，对这一切来自外部的“精神干扰”产生了一定的免疫力之后，你的心境则将瞬间发生转变，整个身心则将焕然一新，从而增强了顽强生存下去的勇气，仿佛找到了自己能够赖以寄身之处。发现美好事物的过程也就是品味喜悦的过程，少年时代无意识地触发的智慧，使我在心灵的寂寞孤独和肉体的痛苦折磨之中寻找到了“美好”，体会到了人生的喜悦和乐趣。

如果你的心灵还停留在每天苦恼于如何与厌恶之人交往相处的思维阶段，天长日久，自然而然地要形成沉重的精神包袱，使自己陷于不可自拔的苦恼忧愁境地。

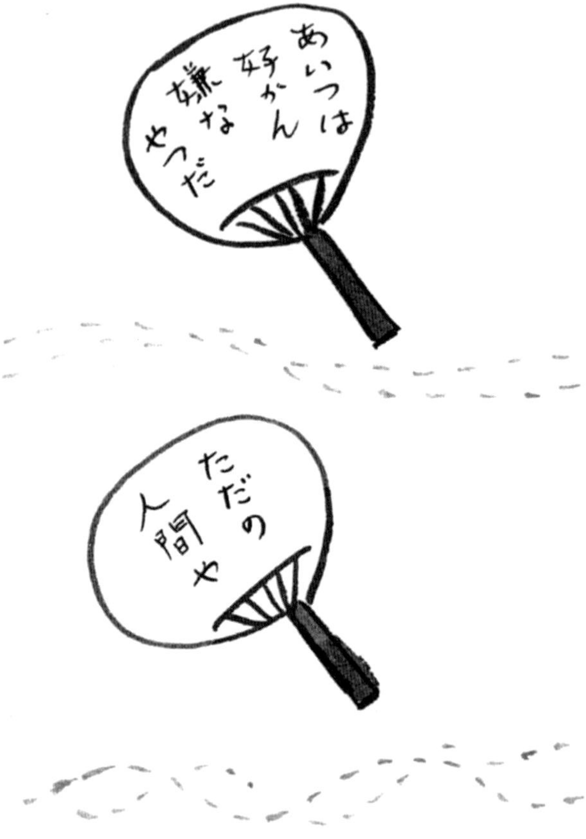

“没什么了不起！”

然而，如果你主观上认识到：所谓“厌恶”这种情绪只不过是自己凭空制造出来的感情，欺辱自己的造恶者也不过是一个与自己相同的普普通通的人，你将会逐渐地从自我折磨的空间中解脱出来。

可能我们都曾经有过这种体验，当你对某人产生憎恶之情时，对方也一定对你持有完全相同的感情，这是一种极为不可思议的感情结构。反而言之，如果你尽快地扭转自己的心境，只把对方视为一个普通之人的话，则将使双方都从互相憎恶这种无聊至极的情感中解脱出来，而形成极为融洽和谐的人际关系。

当我们身处窘境而进退维谷之际，往往由于冥思苦想而导致止步不前，从而使整个局面陷入僵化状态。

比如，身为上司经常恼于上下级关系方面的矛盾。当你的属下工作上出现差错时，你可以尝试将一味斥责属下的短处，改变为积极表扬属下的长处。由此而形成一种前所未有的新型人际关系，进而逐步改变整个被动僵持的局面。

日常生活中经常出现的所谓“状态失调”也是如

此。每当工作中或家庭里出现不尽如人意之事，我们不妨暂时撂一撂、放一放，回避一下可能走向激化的矛盾，变换一下手头的工作内容，借以调整心境。

如果暂时脱身于失调窘境，就可以冷静而从容、客观而全面地纵观全局，从而有所发现、有所启迪。

我们从各个角度分析了“转换之力”的功效之后，相信各位的心境会有不同程度的转变吧？

万里始于足下

佛教主张将一切宗旨付诸行动，这一主张可以说是佛教的一大特点。我本人也一贯努力地实践着这种行动哲学。

江户幕府末年至明治时代（1868～1912），是日本历史上极为动荡不安的时代。对于佛教界来说，是一个深陷巨大的苦难深渊的不幸时代。

明治元年（1868），明治新政府为了彻底清除“神佛习合”、“本地垂迹”等固有的宗教秩序，实现“王政复古”和“祭政合一”的政治理念，发布了“神佛分离令”。该法令的发布激化了全国各地兴起的排斥佛教的运动。举凡涉及所谓“神佛混淆”的全国著名寺院都遭到不同程度的破坏。这就是日本佛教史上罕见的“废佛毁释”。

这一切是在江户幕府倒台，日本社会进入明治时代后，日本人价值观念的变迁，对佛教堕落的批判，对佛教肤浅的理解基础上，乘王政复古、祭政一致的机运而发展和激化起来的。在主张水户学、崎门学、国学、垂加神道、复古神道等以国粹主义思想为正统的一部分人的推波助澜下，寺院被合并、废毁，堂塔、佛像、佛具及经卷惨遭焚毁，僧尼被强制还俗，整个佛教界陷入了灭顶之灾，面临着生死存亡的危机。

当时，相国寺第一任管长荻野独园禅师（1819～1895）作为全国佛教界的代表，应政府之召赴东京，被补任“权少教正”职务，并亲手接受了教部省颁发的“三条教则”，肩负着全国佛教界的重托，作为禅林及佛教界的栋梁，毅然挺身而出，走在了复兴佛教的最前列。

荻野独园禅师德高望重，担任了设于东京增上寺寺内的大教院院长以及临济宗、曹洞宗、黄檗宗等禅宗三派的总管长，肩负重任，集佛教界的期待于一身。为了根据明治新政府颁布的寺领上知令，夺回原属于佛教寺院的领地，他不辞辛劳地奔波于全国各地，同时还亲自前往“废佛毁释”运动日益高涨之地，摇旗呐喊、布教弘法。

为了挽救经济状态处于疲惫窘境的佛教界，独园禅师向当时的明治天皇献纳了相国寺所藏的天才画师伊藤若冲（1716～1800）所绘的《动植彩绘》三十幅巨作。同时他用明治天皇赐予的一万日元“下赐金”，赎回了相国寺的一部分庙产。

我认为，这是独园禅师迫于当时的社会环境而做出的英明之举。如果相国寺珍藏的《动植彩绘》三十幅巨作流落街头巷尾，最后难免陷于支离破碎的境地，而把它献纳给皇室，就没有必要担心再次转手他人了。正是由于独园禅师的深思熟虑和果断的行动，江户时代的天才画师伊藤若冲所绘的《动植彩绘》三十幅巨作才得以完好无损地保存到了今天。作为相国寺的后代，我们为独园禅师英明而果敢的决断表示由衷的钦佩和敬仰。

独园禅师还亲自前往“废佛毁释”严重的土佐、萨摩、日向、大隅等地，为了保护佛教寺院的生存而始终一贯地实践着“行动胜于一切”这一人生哲学。

独园禅师经常教诲门下弟子：遇到难题而瞻前顾后、想来想去往往无济于事，如果你不迈开脚步采取行动，就不可能改变现状。独园禅师身体力行、以身示范，为门下弟子树立了行动和实践的典范。被称为明治维新三杰之一的政治家西乡南洲（1828 ~ 1877）的菩提寺以及鹿儿岛的南洲寺就是在废佛毁释的高潮中创建的，它体现了独园禅师忘我无私的大无畏精神和非凡的行动能力。

“行动，行动，勇往直前!”仿佛精灵在独园禅师的胸中呼唤，在催促着他勇往直前。

赵州禅师留下了这样一句名言：“七岁孩儿胜我者，我即问伊；百岁老翁不及我者，我即教伊。”赵州禅师就是怀着这样一种不耻下问、勤学不止的精神，毕生修行不止。年届花甲又重新踏上了修行僧时代经历过的游方行脚之路，开始了漫长的孤锡游方的生涯，足迹遍及南北丛林，一直持续到耄耋之年。

我认为，通过自身的行动去接触民众、弘法布教，去开拓自身的视野这一满腔的热情，驱使着赵州禅师从花甲之年直到耄耋之年一直行脚四方、精进不息。

化理想为行动

每当我对照禅宗祖师们参禅布教、精进不息的生活榜样，就不禁在内心深处催促自己："要赶快行动，不能停滞不前，不能一天到晚地在蒲团上坐着。"

一年到头，我很少从容地在京都住上几天。就连相国寺内的同仁们也很少见到我，"好久没见到管长了"成了相国寺内的一句口头禅。

我周围的信徒们也很难搞清楚我的活动日程和行动规律，他们见了面也总是这样互相询问：

“最近，管长去哪儿了？”

“对不起，我不太清楚。”

“你知不知道管长什么时候回来？”

“对不起，我不知道。”

一年四季，我经常去外地出差，或者应邀前往外地讲演，到处去传播我的“奇谈怪论”。我之所以日复一日不辞辛劳地不懈努力，最终目的只有一个，那就是“播种”。如果不去播种，就不会发芽，更谈不上结出丰硕的果实。有一句俗话说得好：“前人栽树，后人乘凉。”行脚天下、到处播种，这就是我的工作，这就是我的职责。每当我想到不久的将来，我自己亲手播下的种子发出了嫩芽，进而茁壮成长，开出艳丽的花朵，结出累累的硕果，双脚下就好像生出了风火轮，驱动着我义无反顾地迈开双脚，去绍隆佛种。

在日常的生活、学习和工作中，我们每个人总是要遇到各种各样的困难，遭受程度不同的挫折，不论任何人都可能陷入萎靡不振、意志消沉的窘境。但是，关键的问题在于，我们绝不能因此而心灰意冷、一蹶不振。摆脱窘境的唯一办法就是要振作精神，行动起来！

如果我们摆脱了消极情绪，而积极地行动起来的话，紧闭着的门户就一定会露出缝隙，美好的前景也将随着不懈的努力而展现在我们的眼前。

总而言之，面对闭塞的窘境，哪怕是极其细微的行动，我们都必须做好来！

甘当弱智愚者

活在世间的凡人，一般总是要极力地在他人面前做出一副所谓“聪明伶俐”的样子。这是因为人们一般都认为：无论如何，被他人评价为“智者”，总比被别人讥讽为“愚人”要胜出一筹。

我想，今天在座的各位也一定毫不例外吧？那么，让我们一起来看一看“愚秃”、“愚中极愚”、“大愚”等等，各位觉得如何呢？从字面上看，可能在座的没有一个人会觉得有什么聪明和智慧的感觉吧？我们知道，所谓“愚秃”就是“愚昧而稚嫩”，“愚中极愚”就是“愚蠢到了极点”，“大愚”说白了就是愚蠢者之中的超级“大傻瓜”。

但是，上面这几句话却出自三位日本家喻户晓的著名高僧之口。“愚秃”就是日本净土真宗始祖亲鸾圣人（1173～1262）称呼自己的口头禅。“愚中极愚”是日本天台宗始祖最澄上人（767～822）对自己的评价。“大愚”则出自日本曹洞宗良宽禅师（1758～1831）之口。

亲鸾圣人之师、日本净土宗始祖法然上人（1133～1212）称呼自己为“愚痴之法然坊”。日本天台宗名僧源信（942～1017）曾经参考中国净土宗诸祖的教学理论，编撰了《往生要集》，奠定了日本净土教的理论基础。源信也经常自称：“予如顽鲁者。”

上述这些日本佛教历史上璀璨的巨星尚且异口同声般地自称：“我就是个愚者。”因此我认为所谓“愚人”一词涵义深刻。我们每个人都应该认真仔细地加以理解和实践。

我认为，对修行僧来说也好，还是对普通人来讲也罢，如果能够经常自觉地保持“我就是一个愚人”这一自我意识，就一定能够永不自满而持续不懈地修行下去，并且虚心待人、不断进取。换而言之，“愚”这个字，表明了我们端正对自身的认识，谦恭处世的决心和宣言。

正是因为不断地告诫自己是一个“愚人”，所以才能够修行精进不止。对于自以为“聪明”之人来说，已经没有继续修行精进的必要了吗？否！我认为，这种自以为“聪明”之人不是没有必要修行，而是不可能把修行精进持续下去。

我认为，只有达到了身心俱空，才能够抵达所谓“愚人”的境界。换而言之，就是既没有“智慧”，也没有“德行”的一切皆无者，才能够称其为“愚人”。

但是，所谓“愚人”并不是一蹴而就，可以轻而易举地抵达的境界。

在日常生活中，我们每个人可能都会遇到以下这种情况：每当周围的人向自己提出疑问或质问之际，自己往往出于过激反应而坐立不安，马上不加思考地加以辩解或反抗。为什么会出现这种结果呢？这就是所谓“理性”在作祟。如果你的头脑空空如也，已经成了一个彻头彻尾的“愚人”的话，他人对你口出恶言讥讽也好，或者甜言蜜语奉承也罢，你将会当作耳边风，使用一个永恒不变的“啊，是吗？”来回答，或置之不理。但是，不少人受头脑中的“理性”所干扰和驱使，很难抵达“愚人”这一自由自在的理想境界。

所谓“理性”就是“执著”。为什么不少人听到来自周围的意见或者批评，或强词夺理，或火冒三丈呢？这是因为他还执著于“我是一个智者”，或者还执著于“我是正确之人”这一主观意识。那么，我们究竟应该如何舍弃这种对人对己都毫无益处并且来源于所谓“理性”的主观意识呢？

关键的问题在于，我们都是属于“人”这个社会集团中的成员，所以并非一件轻而易举之事。

如果任何人都可以轻而易举地舍弃的话，《般若心经》中就没有必要反反复复地出现“空”和“无”的字眼儿了。《般若心经》不厌其烦地向世人阐扬的是“一切皆无！”“身心俱空！”这也就是《般若心经》给予世人的大智大慧，即般若大智的根本宗旨。

我们不一定非要去执著地追求遥遥领先于他人的“智者”地位。让我们脚踏实地去不断地舍弃一个个损人害己的执著，一步一步地迈向通往“愚人”之路吧！

一步步迈向“愚人”之路

第五章

人生大事

莫踌躇且放下

生与死，这是人生的必由之路，也是自然规律平等地赋予世间所有人的一个活生生的事实。但是，每个人都一定怀有对死亡的恐惧心理。

我认为，不论我们使用任何语言都不能够正确地阐述所谓“死”的真正内涵。正如我们不可能正确地阐述所谓“生”的真正内涵一样。我们可以通过各种形式来亲身体验人生，但有生之年中唯有“死”体验不到。虽然我们每个人的一生当中都要见证周围许多人走向衰老和死亡，但是任何人都不可能亲身体验死亡。换而言之，我们连可以亲身体验的“生”的内涵，尚且不能够加以充分而准确的说明，又怎么能说清楚那体验不到的

"死"的内涵呢?

简而言之，人之所以惧怕死亡，其根本原因就在于谁都不可能活着去进行这一尝试。由于不了解死后的世界，不清楚死后的去向，所以才恐惧异常。

因为死亡的内涵只不过是人们凭空想象出来的，所以更加具有某种神秘的色彩。但是，我认为"死"并不是什么特殊的自然现象，"死"就是我们日常生活的一部分，如同我们每天要进餐、入浴、如厕一样。本来，所谓"生"与"死"之间是没有任何隔阂的，"死"就是我们日常生活舞台上极为平常的一幕。

人死气绝，送别火化，灰散四方，一切皆无，根本就不存在任何死后的世界。既然毫不存在，那又何来恐惧呢？死亡之后，你将无处可行，因为感觉恐惧死亡的自身已经不复存在了。

我认为，关键在于如何理解和领会"一切皆无"这个道理。一切皆无、一切皆空，就连"我"这个概念都被否定得一干二净。如果经历了一次身陷绝境的体验，而抵达一切皆无、一切皆空的境界，这就是"超越死亡”。

比方说，“生存”这一概念代表现在、存在于眼前，而“死亡”存在于遥远的未来。生与死之间横亘着难以数计的客观事物，如双亲、子女、名誉、地位、事业、财产……谋求生存，就要去赚钱，就要去交际。但是，说一千道一万，这所有的一切都局限于生与死之间。所谓“现在”转眼之间就是“过去”，也就是说，刚才还存在于眼前的“现在”，现在已经无影无踪了，这就是“诸行无常”。世间万物变化不止、毫无恒常，一切都不过是梦幻而已。

佛教倡导“放下诸缘”。“放下”就是舍弃一切执著。人往往越“富有”，就越执著；越执著，就越唯恐失去社会地位，失去身家财产，失去眼前的一切。当你腰缠万贯时，你就自然会滋生难以舍弃之心；当你渴望获得某种精神物质的有形之物时，就自然会产生执著之意。

如果明白眼前的一切都不过是梦幻，我们就会毫不踌躇地将其彻底舍弃。

佛教把睡眠、用餐、外出、乘车等等眼前的日常生活行为都称为“虚假”姿态，那么，人的真实姿态到底是什么呢？很简单，这就是生与死。生来死去，只有这两个姿态是活生生存在着的事实，其余一概除外。即使认为“自身”存在就是一个事实，这个事实也将瞬间消失而去。这也就是佛教主张的“诸行无常”。

我们不可忘记这样一个活生生的客观事实：每个人都是赤裸裸地诞生人世，又赤裸裸地告别人生。佛教将这一不可抗拒的客观规律称为“无”或“空”。

没有任何事物常驻世间，所有一切都在移动变化，最终消失。过去的历史，现在的瞬间，未来的召唤，如此轮回，周而复始、永无止息。

过去、现在、未来，一切皆有，如此轮回，而最终一切皆无、一切皆空。任何人都不可能将地位、名誉、财产等携往死亡世界。如果领悟了这个浅显的道理，你将自由自在、无所畏惧、奋勇前行。

唯有生死事大

绚丽多彩的人生之中，至为重要的大事究竟是什么呢？

简而言之，从呱呱落地而生，到衰老罹病而亡，虽然每个人的人生长短不一，但是至为重要的大事，唯有“生”与“死”二字。

佛门之人常说，“生死事大”。也就是说，在漫长而多彩的人生中，没有比“生”与“死”这两件事更为重要的了。我们在前面已经初步探讨过了这个人生最大的课题，即唯有“生”与“死”才是真实之物，其余都只不过是梦幻而已。

日本镰仓时代，天台宗僧人道元（1200～1253）渡海入宋求法习禅，其后嗣法天童如净禅师，归国后开创了日本曹洞宗。道元禅师在《修证义》一书中指出：“究明生死乃佛家一大因缘。若生死之中有佛则无生死。

若明了生死即涅槃，则生死非可厌恶，涅槃亦不可欣然。此时方为脱离生死。须知究明生死实为一大因缘。”

通过道元禅师的教诲，我们可以明白对于学佛之人来说，搞清楚生与死的问题是一个至关重要的大事。

如果我们明白“佛性蕴涵于生与死之中”的话，我们就不会在生与死的面前踌躇迷惘，就不会一味执著于生与死。

认识和理解生也为涅槃，死也为涅槃，这是一件至关重要之事。我们既不应该忌讳或者回避这一人生大事，也不应该索求这一人生大事。

如果能够抵达这一境界，我们则将从生与死这一分别、争执和烦恼中解放出来。因此，明了生与死的事实真相、证悟涅槃，这是人生中一件不可忽视的极为重要之事。

换而言之，如果我们理解了生与死的具体内涵实质，也就理解了人生的本质。所以，我们必须牢牢地切记“生死事大”这句禅宗的至理名言。

身教胜于言教

有生就有死，有死就有生，这是理所当然之事。始于幼年时代的修行生活的锤炼，尤其是无数先师的人生观和生死观的言传身教，使我面对死亡时可以毫不犹豫地宣布：我不惧怕死亡。

由于身为僧侣，我亲眼目睹了许多使人印象深刻的死亡场面。其中曾任相国寺管长的山崎大耕禅师（1875～1966）的迁化，使我铭心刻骨而至今难以忘怀。

三十岁那年，我被指派照顾曾任相国寺管长的山崎大耕禅师日常起居。当时，年逾九十的山崎大耕禅师只身隐居相国寺内的大光明寺。与山崎大耕禅师朝夕相伴并侍奉左右的这几年光阴，给我留下了受用终身的宝贵精神财富。

我还负责为山崎禅师准备一日三餐。每当我双手捧着食案送进禅师的居室时，禅师总是重复着“噢，饭来啦！”这么一句话，然后颤巍巍地端起饭碗用起餐来。当时，我眼前的禅师就是一个极为普通而自然的“人”。

当时，山崎禅师患有半身不遂和语言障碍，所以每天基本上就生活在自己的居室里。有时，禅师拄着拐杖一步一步地在佛堂和居室之间走个来回儿。佛堂和居室只有十几米的间隔，这就是禅师每天唯一的运动。曾经身居管长高位的山崎禅师就是日复一日地重复着这种平平淡淡的生活，而从来没有任何牢骚和怨言。从山崎禅师坚韧不拔地移动着自己病体的身姿中，我深深地感受到了他那顽强而执著的生命力。

因为山崎禅师年事已高，夜间进出洗手间不便，所以我为禅师准备了一把夜壶。清洗夜壶就成了我每天清早起来后的第一件例行工作。有一天早上，我糊里糊涂地把清洗夜壶这件事忘记了。当我过后想起来，慌里慌张地往禅师居室赶的时候，看见禅师双手捧着夜壶，正一步一步静静地在走廊上往前蹭着走。禅师当时的身姿就仿佛端着茶道用的水罐一样，优雅而端庄。我不禁为之感动，“哇”的一声哭了起来。

我一边哭一边赶到了禅师面前，接过夜壶，低头向禅师赔礼道歉，而禅师只是对我微微一笑，没有用任何语言来责怪申斥我这个失职的小和尚。山崎禅师默默无声的动作所显示的泰然自若的品格，如同无比深刻的教诲刺向我的胸怀。

山崎大耕禅师以九十二岁的高龄寂静安然地迁化了。我幼年出家后一直生活在寺院里，所以比其他人经历了更多的生离死别。对我来说，死亡丧葬早就习以为常了，但是山崎大耕禅师临终之际的场景，至今难以忘怀。

山崎禅师临终前，经常在昏迷中突然清醒过来，然后用手无意识地抚摸头顶。这样的动作反反复复地持续了两三个小时后，静静地咽下了最后一口气，仿佛安然地沉睡着一般，归西而去。

我深深地感谢我的职业生涯使我树立了“生即为死，死即为生”的人生观。同时，我更要发自肺腑地感谢山崎大耕禅师为我树立了视生死若等闲的光辉而高大的形象。

禅僧的生死观

“我差不多要走了！”这是我终生景仰之师大津枥堂禅师迁化前留下的一句话。

曾任相国寺管长的大津枥堂禅师年届高龄之后仍然亲自主持授戒会，这种授戒会就是为在家佛教信徒授予戒名的仪式。

有一年，我陪伴枥堂禅师前往位于松江市的万寿寺参加授戒会，与会信徒多达五百余人，盛况空前。授戒会所有的仪式结束之后，我搬了一把椅子放在山门口，请年迈体弱的枥堂禅师坐着送别与会信徒。枥堂禅师微笑着送走了最后一位信徒，自己挺身站立起来时，弱小的身躯忽然东倒西歪地摇晃了起来。

我们几个随行的小和尚见状急忙抢上前去，搀扶枥堂禅师返回丈室休息。枥堂禅师休息了个把钟头以后，体力和精神略有恢复，在我们徒弟一行的陪伴下返回了京都。

回到京都之后不久，枥堂禅师就经常把“我差不多要走了”这句话挂在嘴边了。

每逢来访客人告辞之际，禅师总是微笑着对来客说：“身体健康比什么都重要呀！我可是差不多就要走的人了，今天能见到你，太高兴了！”

我们平时侍奉在枥堂禅师身边的几个小和尚以及来客听到这番话，再看看禅师健康硬朗的身板儿，总是笑着对禅师说：“管长，您怎么能随意开这样的玩笑呢？”

但是，枥堂禅师听后自言自语地说：“我自己的事儿，自己心里有数！”后来，有人请禅师写字，禅师就随手画了一个“圆相”，然后在圆相中间写了“死无友”三个字，也就是说“死亡没有朋友”或者说“我不想死”。这是江户时代临济宗高僧仙崖禅师（1750～1837）的名言。

如果单纯地从“死无友”这三个字的字面上来看，可能不少人要不禁发问：“难道参禅问道几十年的高僧，一旦死亡临头也是惶恐不安，而难以摆脱对于生的执著吗?”

难道禅师也和俗人一样惧怕死亡，想从死神手里逃脱出来吗？对于作为入室弟子侍奉枥堂禅师几十年的我来说，当然不会认为这是一种正确的解释。

我确信，枥堂禅师是在通过“死无友”这三个字来宣布自己的毕生信念，禅师寄予“死无友”三个字的真正含意，不是对眼前现世的执著，也不是对肉体行将灭亡的抵触反应。“死无友”的字面背后，隐含着禅师“求生存”的不屈不挠的坚定信念。虽死犹生，济度众生，精进不息！

“迁化”一词中的“化”字，就是“济度众生”之意。所谓“迁化”就是肉体死亡之后，迈向济度众生的另一个世界之意。肉体死亡以后，其身心悉数消亡；燃而成灰，吹而飞散，倏然消失于四面八方。虽然生命的形体状态终结了，但是人生历程的芳馨将永远萦留于世间。

大津枥堂禅师是在五月十八日，也就是授戒会一个多月以后迁化的。直到禅师迁化以后我才意识到，当时禅师确实已经预感到自己行将入寂了。

枥堂禅师迁化的前几天，我就隐隐约约地感觉到了他老人家身体出现的异常。五月十五日，我像往常一样服侍禅师用餐。禅师几次都把饭菜撒到了衣领周围，我用毛巾擦干净后搀扶禅师回到了居室。每天就寝前，我都用热毛巾帮助禅师擦洗身体。当晚，我做完了每天的“功课”，服侍禅师躺下。当我为禅师盖上被子后，他像往常一样说着“噢，谢了!”就马上入睡了。

翌日清晨，我守候在禅师身边，准备侍候他老人家起来。突然，我的耳边响起禅师“呼噜”一声长鼾，然后就昏迷不醒了。此后，整整三天里禅师一直处于昏睡状态。五月十八日下午二时过后，枥堂禅师就倏然而寂了。我自始至终都陪伴在师父左右，亲眼目睹了枥堂禅师“往生”的整个过程。枥堂禅师以身示范，教诲我们：所谓死亡，就是普普通通的日常之事。

人的死亡就如同用餐、饮茶、如厕、外出一样，发生在每天每日、每时每刻，都是极为平常之事。所以，我们就没有丝毫必要惧怕死亡，逃避死亡。死亡不过是普普通通的日常之事，只要我们搞清楚了这一点，就会无所畏惧了。对于禅宗僧侣也好，对于在家百姓也好，这个“觉悟”的内涵毫无二致。

生与死好比一枝并蒂莲。我们每个人都是接受容纳了“诞生”这一事实而生存于世的。既然如此，让我们鼓足勇气去面对“死亡”这一现实，去接受容纳死亡吧！如果你抵达了这一觉悟境界，你就会自然而然地意识到：死亡无所畏惧。

作为一个以济度众生为己任的出家人，我最期望的就是扑通一声栽倒在行脚四方、教化众生的途中。

众生心在何处

对于一个人的成长来说，至为重要的因素是什么呢？

我认为“修炼”二字对于一个人的成长至为重要。修炼不仅可以锤炼人的体魄，而且可以培养人的精神。这是我从自己切身的经历中体会到的一条经验。

我幼年剃发出家，在禅寺一边修行，一边完成了小学和中学的学业。自身的日常起居且不用说，还承担了为师父和三个师弟做饭洗衣等寺内杂务。每天总是早早起来生火做饭，伺候大家用餐，然后送师弟们出门去学校，最后才轮到自己吃饭。收拾餐具、打扫厨房等一切停当之后，这才背上书包和饭盒去学校。好在寺院离学校很近，跑着去只要五分钟左右的时间。即使这么近，我气喘吁吁地赶到学校的时候，不是第一节课已经开始，就是马上就要结束了。

升入中学以后，我的修行生活一如既往，毫无改变。每天依旧早早地爬起来准备早饭，然后去做早课、清扫庭院，为晚辈的小和尚准备饭盒，这一切日常家庭“功课”结束后，赶紧吃上一口饭，夹着书包撒腿就往学校跑。岳林寺距离中学的校舍大约四公里左右，不论我如何奔跑都只能勉勉强强地赶上第二节课。每天的迟到生活丢尽了自己的脸面，伤透了自己的自尊心，于是我开始琢磨怎样才能提高跑步速度。不知从什么时候开始，跑起步来的那种窒息感逐渐消失，我开始享受跑动跳跃起来的那种不可言喻的快感。

从禅寺到学校的最近途径是联结久留米至大分的国营铁路“久大线”。往返八公里多的上下学“马拉松”路程锤炼了我的体魄，一个从小体弱多病的公子哥，令人难以置信地变成了体格强健的少年。

最近几年，有两位亚洲女子花样滑冰选手闻名世界冰坛，一位是日本的浅田真央，一位是韩国的金研儿。她们通过平素顽强刻苦的磨炼，从旋转三周到旋转三周半，高难惊险动作不断升级。这两位亚洲选手之间的激烈竞争，大大地提高了世界花样滑冰的竞技水平。

这两位世界顶尖级选手都坦率地承认：对方是自己的主要威胁和竞争对手，同时也是自己挑战极限、不断地提高竞技水平的原动力。自己的每一个进步离不开自身的刻苦努力、不断修炼，更离不开对方的存在所带来的威胁。难能可贵的是，这两位刚满十七岁的中学生所觉悟到的崇高的精神境界。

我认为，这两位极为优秀的世界顶尖级花样滑冰选手固然技压群芳，但是我尤为钦佩她们坚强无畏的精神境界。只有技巧与精神，即身心的完美结合才可能让她们不断地赢得荣誉。

尚未成为木鸡

在被称为日本国技的相扑界，将身心的完美结合而产生的综合力量称为“心技体”。横纲双叶山被誉为这种综合力量的杰出榜样。至今，双叶山本人创造的69次连胜的纪录尚无人打破。

毋庸赘言，这个史无前例的记录超常非凡，但是我认为双叶山的真正杰出之处在于，不论胜负，他都呈现出一副泰然自若的姿态而岿然不动。

在体育运动中，锻炼体魄和磨炼技艺的同时还可以锤炼精神，这种“心技体”的完美结合在双叶山的相扑竞技生涯中得到了淋漓尽致的展现。

令人遗憾的是，双叶山终于被安艺之海扳倒了，连胜不败的纪录刹车了。败于安艺之海的当天晚上，双叶山给一直仰为宗师的安冈正笃发了一封电报，电文上只有四个字“未成木鸡”。

我们知道，这句话源自《庄子·达生篇》，文曰：纪渻子为王养斗鸡。十日而问：“鸡已乎？”曰：“未也，方虚憍而恃气。”十日又问，曰：“未也，犹应向景。”十日又问，曰：“未也，犹疾视而盛气。”十日又问，曰：“几矣。鸡虽有鸣者，已无变矣，望之似木鸡矣，其德全矣，异鸡无敢应者，反走矣。”

这段文章讲述的是这样一个历史故事：纪渻子奉周宣王之命训练参加比赛的斗鸡，训练才过去十天，周宣王就不耐烦地问：“鸡驯养好了吗？可以投入实战了吗？”纪渻子回答说：“还不行，现在正是虚仗骄矜，自恃傲气的阶段。”

又过了十天，周宣王还是问纪渻子那一句话，纪渻子回答说：“还不成，还是听见响声就叫，看见人影就心血来潮、跳来跳去。”十天后，周宣王又问，纪渻子回答说：“还不行，还是那么目光犀利，盛气凌人。”又过了十天，周宣王问：“现在怎么样了？”纪渻子回答说：

“现在差不多了。别的鸡即使打鸣，它已不会有什么反应了。看上去好像木鸡一样，它的精神可说是完备了，其他的鸡都不敢来挑战，只是落荒而逃。”

任凭周围的斗鸡展翅挑战，纪渻子训练出来的斗鸡宛如木鸡一般，纹丝不动，它那威严的姿态使对手的斗志顿时萎缩下去，败阵而逃。在纪渻子的精心训练培养下，斗鸡的“心技体”三者达到了和谐而完美的统一。

已经达到了炉火纯青的地步，令其他相扑力士望而生畏的双叶山本人终于败倒在安艺之海的手下。不可挽回的惨痛失败使双叶山醒悟而道：“我还远远没有抵达木鸡的境界，我还要不断地加强修炼！”我认为这就是双叶山发给其恩师安冈正笃的那封只有四个字的电文的内涵吧。

十牛图的启示

所谓修炼，是一个不断循序渐进的过程。这个过程中不存在“这样就差不多了”这一阶段，而只能是一步接一步地持续向前。

禅宗的《十牛图》栩栩如生地展现了人生修炼这一不断升华过程的各个阶段。“十牛图”中的“牛”寓意“真理”或“得悟”。《十牛图》由第一幅“寻牛”开始，至第十幅“入廛垂手”，详细而具体地展示了通过修炼而得悟的顺序。

第一幅《寻牛》，描绘了牛童为了寻找丢失的水牛，即为了求“悟”而踏上旅途。这是在告诫我们：如果自身不去努力，就不可能知道“悟”在何方，不知道修行（即修炼）有多重要。

第二幅《见迹》，描绘牛童发现了水牛的足迹。这幅图告诫我们：所谓“足迹”是指为了抵达得悟的境界所必需的先人的教诲和经典，或者可以说是“知识”。但是单纯依靠知识，绝不可能知晓“悟”为何物，而只能略微窥见其朦胧的轮廓。

第三幅《见牛》，描绘牛童追寻水牛的叫声，看到了水牛的大致身影。画意在于：由于持续不断地修炼，正在逐步地接近得悟的境界。

第四幅《得牛》，描绘牛童发现了水牛而紧紧地牵住缰绳。这幅图表明：牛童虽然终于通过自身的不断修炼而将“悟”攥在了手中，但是还没有化为自身的血与肉。如果稍一放手，就是精神稍一疏忽的话，“悟”就将从自己的手中溜掉，即得而复失。

第五幅《牧牛》，描绘在牧场上驯服暴躁的水牛。画意在于：将“悟”化为自身的灵魂，还必须进一步地修炼。

第六幅《骑牛归家》，描绘牛童骑着水牛吹着牧笛，踏上归途，暗喻牛童业已得悟而返回世间。

第七幅《忘牛存人》，描绘牛童牵牛归家，无所事事。表示若已得悟，则无事安闲；悟不是存在于外部世界，而是存在于自身的内心世界。

第八幅《人牛俱忘》，描绘凡情脱落、一片空白、人牛皆忘的境界，这就是所谓“得悟”的境界。比喻得悟自心本来清净的姿相。

第九幅《返本还源》，描绘了一幅水绿山青、无尘

学无止境

不择环境，就地而修

无埃的世界。比喻自心本来清净，无烦恼妄念的诸法实相，强调“悟”存在于本来清净的世界之中。

第十幅《入廛垂手》，描绘了得悟后回归世俗世界之境相。得悟后的修行者身着庶民衣着，回归红尘世界的景象，即重返人间世界，与市井普通百姓打诨谈笑，生活如常的景象。虽然日常生活如初，但是精神境界迥然不同。这幅《入廛垂手》图还揭示：正是这种淡如清水的日常生活，才蕴涵着出人意料的超凡哲理，以及绵延不断的灵性之根。

那么，让我们来对号入座，看一看自己的心境处于哪一个阶段吧。但是，无论处于哪一个阶段，都完全没有必要叹息或焦躁。只要我们念念不忘修炼而持之以恒，终究会抵达得悟的彼岸。

斩断自我之心

“什么是禅”，恐怕是禅门僧侣经常被问到的一个大难题。说老实话，禅僧也好，俗人也罢，大概都很难圆满地解答这一棘手的“难题”。

人们一般认为，提到禅，说到佛教，这当然是一个让人饶有兴致的世界，而且无疑是一个玄妙异常而令人费解的世界吧？

中国唐代高僧、云门宗创始者云门文偃禅师（864～949）曾经说过这样一句话：“释迦牟尼佛刚一诞生就一手指天，一手指地道：‘天上天下，唯我独尊。’要是老衲我当时在场听到这句话，就一定给他当头一棒，打死扔去喂狗吃，那么天下就太平了。”

杀佛弑祖等诸如此类的“危言耸听”，在其他宗教中是绝对禁止而且也绝对不可能产生共鸣的，然而禅宗对此是加以首肯的。禅宗认为：正是由于释迦牟尼佛苦思冥想，揭示了所谓烦恼、痛苦、迷惘等概念而创立了佛教，所以世人才因此而陷入烦恼与痛苦的折磨之中，这个世界才因此而变得繁琐复杂。如果佛陀刚一诞生就把他杀掉的话，这所有的一切就根本不会出现。这就是云门文偃禅师的本意。

换而言之，刚刚出生的婴儿心地纯洁无瑕，不会去考虑任何多余之事。但是随着年龄的增长，肢体和精神逐渐成熟，就会不断地萌生自我之心。随着头脑中知识的不断积累增加，自然会思考各种各样的问题。由此，产生烦恼和痛苦，出现迷惘和执著，而使人生和世间变得纷繁复杂。

所以，我们应该把这些后天得来的知识和思想彻底舍弃，成为自由之人，这就是云门文偃禅师向我们发出的忠告。

佛教这一宗教也是如此。如果没有佛教，也就不会有迷惘和执著，或者更进一步地说，如果没有释迦牟尼佛的诞生，也就没有所谓的迷惘和执著，这就是云门文偃禅师主张“杀佛弑祖”的理由之所在。

心灵清净一空

中国临济宗开祖临济禅师似乎更为“激进”。临济禅师曾说过："逢佛杀佛，逢祖杀祖，逢罗汉杀罗汉，逢父母杀父母，逢亲眷杀亲眷，始得解脱，不与物拘、透脱自在！"

临济禅师主张：佛也好祖也罢，罗汉也好父母也罢，如果斩尽杀绝，就将获得心神的安定。这显示了异常彻底的气概。

临济禅师所使用的这个"杀"字，绝不是所谓"杀戮"，而是"割舍"之意。临济禅师意在告诫世人：要舍弃所有纠缠于身的羁绊，舍弃所有宝贵之物，舍弃所有珍爱之物，舍弃所有执著之物，只有将所有一切统统割舍之后，方才能够获得心神安定的境界。这也就是意味着，即使是对"佛祖、师表"等绝对权威者，也不能盲目地加以肯定和服从，而应该摈弃一切先入观念与其对峙，不断地"斩断"自身的烦恼。

临济禅师所言的"斩断"或"割舍"之意，归根结底就是教诲世人要斩断割舍以"我"、"俺"、"自己"为中心的所谓自我之心。正是这种自我之心作祟，才产生执著之念。不论是执著于物质，还是执著于精神，都是自我之心所使然。

换而言之，临济禅师是在教诲世人：只有摧毁所有既定概念的枷锁，去掉所有条条框框的束缚，消除种种迷惘执著之念，才能心安理得、自由自在。

如果斩断割舍了自我之心，心灵则将清净一空，执著之念则毫无落脚藏身之处。如果斩断割舍了自我之心，对于佛陀的执著也将消失殆尽。

云门禅师言外之意也正在这里，那就是规劝世人：要否定既定概念的困扰。也就是说：因为佛教这个莫名其妙之物存在于世，所以世人才陷于所谓“迷惘”。换而言之，如果世人不了解什么是“佛教”，自然也就不会知晓什么是“迷惘”。禅宗祖师们的本意说到底就是：如果没有释迦牟尼佛，也就不会有佛教本身。

从某种意义上来讲，释迦牟尼佛的“天上天下，唯我独尊”之宣言也是如此，世人正是为此而迷惘困惑。所以，什么“唯我独尊”也好，什么“佛教”也罢，将其通通舍弃掉之后，就会变成自由自在之身了。所以我们切勿执著迷惘，而要脚踏实地，以自身的本来面目去面对人生，去挑战生活。为什么非要把自己寄托捆绑于佛教呢？

但是，处世为人是不可能那么简单地将心灵清净一空的。以“本来无一物”为基本宗旨的禅所追求的就是心灵清净一空的世界。

所谓“禅”，建立在怀疑并彻底排除一切既定概念的基础之上，对一切既定概念加以彻底揭露、认真清除，进而扫地出门。换而言之，就是要一层层地剥掉纠缠于自身的一切羁绊，这个过程就是我们常说的修炼。

简而言之，禅所追求的是心灵清净一空的世界。向着这个目标而修炼不止、精进不息，就是“禅”。

不畏不惧向前

在佛教诸宗派中，禅宗的修行手段和方法被公认为最严格、最艰难。

“腊八大接心”居日本禅门修行难关之首。每年的腊八大接心从十二月一日清晨开始。当年的十二月一日至八日，释迦牟尼佛在菩提树下静坐冥思而悟道成佛，腊八大接心即源于此。我们通过腊八大接心来经历与释迦牟尼佛同样的修行体验。

在腊八大接心的八天里，必须“不眠不休”，也就是不允许休息睡觉，不许随便言语。除了在僧堂坐禅，就是聆听师父宣讲佛法；除了用餐时间以外就是打坐。

禅门里有“三默堂”一说，指的是浴室、僧堂即禅堂、西净亦称东司、便所。由于禁止在三默堂里话语寒暄，所以铎声和钟声代替了一切指示命令。腊八大接心的整整八天时间里，所有修行僧都默默地穿梭来往于大殿、禅堂和斋堂。

我二十二岁那年初次体验了腊八大接心。有生以来第一次尝受到的过于残酷的修行使我至今难以忘怀。冬天，京都经常降雪，寒冷彻骨。由于禅堂的窗户是全开放式的，所以北风卷着雪花阵阵袭来。修行僧就是在这种完全脱离了日常生活的残酷环境之下默默地接心打坐。

最难熬的是第三天前后。回想起来，我们这些修行僧之所以能挺过那艰难而漫长的腊八大接心，就因为不是孤零零的一个人，而是二三十人一起切磋琢磨，挑战极限，这一点尤为重要。大家生活修行在一个空间，互相影响、互相鼓励、互相鞭策，集体的力量促使我们战胜自我、超越极限。这就是禅门道场的风气，这就是禅门道场的力量。

我本人曾经体验过十三次腊八大接心。当然，对于初次挑战的修行僧来说，这是一条必由之路，但是第二次、第三次……就是出于本人的主观意愿了。一般来说，如果初次尝试而没有从中体会到深奥的妙趣，那么即使强迫命令，也很难有勇气再次迎接挑战。

有些修行僧经历并超越了腊八大接心的严峻磨炼后，往往为之着迷入魔，也许这就是所谓禅门的深奥妙境吧？身心俱空不是主观意识，而是自身体验了曾经死过一次的感觉。人既然已经离开过世间一次了，那就再也没有什么可畏可惧的了，仿佛自己可以上天下地，无所不能。

腊八大接心期间，如果挺过了第三天，往后就多少宽松起来了。紧接着就是第五天、第六天，一天天地一

体验“空无一物”的自我

气呵成了。也许是精神意识倏地一下子紧张起来的缘故，自身的精神感觉也逐渐磨炼得专心致志起来。仿佛自身仅仅依靠着最低限度的呼吸而生存在禅堂这个特定的空间，调节呼吸静心打起坐来，身不由己地产生出一种飘浮起来的感觉。当然，这绝不是魔术家的魔幻之手人为制造出来的效果。现实中不是自己的身体飘浮于空间，而是自身的感觉在空间浮游，积蓄于心中的所有多余无用之物消除得一干二净，整个精神状态轻松异常。

通过这种体验，才能切身地感觉和认识到人的自身可以成为一个空壳子。这种感觉并非外界压力所赋予的，而是自身的努力寻求而得之物。不经过这一阶段的修行磨炼，也就当不了禅宗和尚。当然，中途受挫落伍者不在少数。依照禅门规矩，一旦落伍，就永远失去了再次入门该寺僧堂的资格。禅的世界是一个毫无情面的严峻世界。正因为如此严峻，所以如果通过了这一关口，将会体验到前所未有的成就感。

将心灵清净一空并非一件轻而易举之事。如果经历体验了腊八大接心修行，就可以感知这一理想的世界，并且产生不断挑战人生的力量和勇气。

开创自身天地

在世为人，如果尚且停滞在“被动”的阶段，那还远远不够。我们必须学会开拓一片属于自己的新天地。怎样才能做到这一点呢？答案只有一个，那就是自己本人必须去主动追求、积极进取。例如禅宗的修行，不论如何艰苦的修行生活，只要你用心去寻找去追求，就一定能在自身的生活实践之中参悟到禅修的意义。

但是刚刚进入僧堂时，由于每天严峻的客观环境的巨大压力，往往令人窒息而举步维艰。每天的禅修和劳作生活压得修行僧抬不起头来，或牢骚满腹，或潸然泪下。

“为什么我必须每天做这种事儿呢？”每当想到这里，含在眼眶里的泪水就不禁夺眶而出。几乎每天都是一边哭泣，一边咬紧牙关，硬着头皮坚持下去。

从幼年时代起，我就被寄养到了禅寺，由于从小就过着小和尚的生活，久而久之，逐渐适应了这种艰苦的修行生活，所以并没有明显地感受到肉体和精神上的痛苦。现在，不少大学毕业以后进入禅堂的修行僧就要遇到这种艰难而严峻的考验，这种考验往往远远地超出了常人的想象范围。

但是，令人异常不可思议的是，如果你经历并战胜了一次类似的考验，你将会产生重新尝试一次或两次这种生活的强烈愿望。随着年龄的增长，随着修行年数和次数的增加，你必将成为一个出色的禅门和尚。

我认为，这种参禅修行的过程就是一个不断地舍弃过去的自我，而寻找现在或将来的崭新自我的过程，就是一个不断地加深自我认识的过程。

作为世间凡人，并没有机会经历禅门和尚的参禅修行体验。但是，我认为人生本身就是一场漫长而艰难的修行和严峻的考验。

面对眼前的生活和未来的人生，我们要无所畏惧、毫不退却、勇往直前。这是一条处世为人和成长进步的必由之路。

回归皆无自我

我经常听到周围的朋友向我发牢骚："眼前每天的日常生活毫无活着的实在感觉，心里空荡荡的。"

仔细琢磨起来，每天早上起床、刷牙洗脸、吃早饭，然后拎着皮包出门，挤车上班，日复一日，年复一年。因此而感觉日常生活毫无刺激、淡而乏味的人大概不在少数吧？

抱有这种想法的人可能这样认为："这种生活与每天磨磨蹭蹭地消磨时间毫无两样，或者说是在浪费生命。"

我认为，如果打算摆脱眼前的这种平平淡淡的日常生活，即从现有的生活环境中走出去，就必须有所舍弃。如果下定决心彻底"舍弃"，我们的眼前就有可能显现出截然不同的崭新世界。

同时，我觉得对于持有上述生活感觉的人来说，他们的日常生活的中心不外乎工作，即工作第一。如果事实果真如此的话，不妨尝试一下舍弃工作。说到舍弃工作，一定有人要当即反驳说："说起来容易，做起来难。"这个道理，我想任何人都能够搞清楚。如果舍弃了工作，明天或者下个月就要断炊，就要饿肚子，老婆由谁来养活，孩子又怎么办……

那么，让我们把话题再拉回到工作吧。我们可以扪心自问一下："自己现在所从事的工作，是出于兴趣，还是出于主观意愿呢？还是虽然毫无兴趣，甚至十分厌恶，但是迫于维持生计而不得不为之呢？"或者从另外一个角度来考虑一下，如果"每天的日常生活毫无活着的实在感觉"的话，也就可以说"并不特别喜欢自己眼前的工作"，或者可以说"对于自己目前所从事的工作经常抱有厌烦情绪"。

不论对于任何人来说，结论可能都是一样，即如果抱着厌烦和抵触的情绪从事自己并不喜欢的工作的话，自然会产生厌烦情绪而觉得无聊或者毫无生存的价值。对于持有这种烦恼的人来说，最好的解决办法就是想方设法去寻找自己心仪的工作岗位。然而，毅然放弃自己业已熟悉的工作，并非一件容易之事。但是，我觉得如果只是为了领工资、养家糊口而捧着眼前的饭碗死不撒手的话，莫不如下决心舍弃目前的工作环境，从而有所发现、有所觉悟，而寻找到一条截然不同的生活道路，看到一个具有活力的崭新世界。

胸怀坦荡度世

我在九州的禅寺度过了终生难忘的小和尚修行时代。

第二次世界大战结束的那一年，我刚刚十三岁。在那衣不蔽体、食不果腹的艰难岁月里，经常有许多无家可归的流浪者到我当时出家的寺院里来乞讨。

繁忙的寺务之余，我常和那些乞讨者闲聊。当时，有一位自称“陆军少将”的乞讨者每天就睡在寺院的阎魔堂下面，我也经常钻到阎魔堂下面和他聊天。对于当年曾经准备加入海军飞行员预备训练班的我来说，“陆军少将”这一军衔就好像富士山顶一样，高耸入云、可望而不可即。从这位“陆军少将”的口里，我听到了不少战争中发生的事。

这位昔日驰骋战场的“陆军少将”如今却衣衫褴褛，向我讲述的是，两个身处前线的士兵为争夺一块咸菜而互相残杀。

“小师父，你知道吗？在战争中，因为小小的一块咸菜都可能发生争执，让人铤而走险去杀人。本来平均分配，没有争抢的必要。但是，人这种动物可以为欲望所驱使而产生争夺。也就是说，争夺的原因不在于一块咸菜，而在于人的欲望。人的欲望来源于无论如何也摆脱不掉的‘业’，也就是人的善恶行为。我在军队里对这一切已经司空见惯了。战争结束后回到祖国，我的家被烧毁了，老婆和孩子也下落不明、生死未卜。现在，我只能靠沿街乞讨来维持生活。”

这番源于切身体验的沉重话语告一段落后，这位原“陆军少将”开口向我恳求：“小师父，能不能去厨房给我捏一个饭团子来？现在肚子饿得不行了，拜托了！”

耳闻目睹眼前人生舞台上活生生的一幕，任何人大概都不可能无动于衷吧？于是，我偷偷摸摸地溜进了厨房。我慌里慌张地用捏好的饭团子换来了一张“人生剧场”的入场券。

即使现在，我也经常同出没于繁华场所的乞讨者们搭讪闲聊。我经常因公出差，往返于京都和东京之间。每次清晨进入东京站的售票大厅，总能看见大厅柱子附近坐着几个无家可归的流浪汉。等待随行的弟子购票的间隙，我有时会凑过去和他们聊上几句。比如：

“哥儿几个早啊！”

“呦！大和尚早啊！”

“老哥您是哪儿的人呢？”

“俺是长崎人！”

“是吗？我是大分人，咱们是老乡啊！”

“噢！大和尚您也是九州人？”

“没错，我也是九州人！”

用饭团子换来了“人生剧场”入场券

有时，我们这几个萍水相逢的陌生人从诸如此类的寒暄话又扯到了互相的“生计”。比如，“哥儿几个这是打算去哪儿呀?”“今天东京站这边儿没啥油水儿，我们几个正核计去新宿呢!”“唉！也不怕大和尚见笑，想去新宿逛逛，又没钱坐电车。这不，我们哥儿几个正琢磨掉在地上的钢镚儿呢!”

看到眼前的光景，一直静静地站在我身边一言未发的徒弟们纷纷露出惊讶无比的表情，七嘴八舌地发问：“管长，您和这位到底是什么关系呀?”听到徒弟们的这句问话，我只能如实地回答：“什么关系？你们在旁边看了半天，还没有搞清楚吗？这不是刚刚认识的吗?”

眼前的这些街头流浪者就是舍弃了工作、舍弃了生活之人。

毋庸赘言，我们现在不是在讨论无家可归而流浪街头这一社会现象的是非曲直。我之所以举出这个事例，只是想说明一个问题，即对于流浪街头者来说，什么虚荣，什么修饰都毫无意义，他们已经完全彻底地统统抛之脑后了。然而，这些人确实是实实在在地活在这个世界上，我认为这一点非常重要。

总而言之，我们应该勇于下决心返回“一无所有”的自身的本来状态，这就是所谓“舍弃”二字所蕴涵的最大的意义吧？舍弃这一行为与飞跃相连，它可以发展成为人生的一大转换期，可以成为向上腾跃的阶梯。至于到底能否下定决心去“舍弃”，这完全取决于当事者本人的觉悟，其他人则毫无妙计可施。

日本曹洞宗开祖道元禅师曾经说过这样一句至理名言：“放则手满。”这是在教诲世人：如果你感觉到厌烦和无聊，不妨壮起胆量而撒手舍弃。如果我们舍弃了厌恶之事，则有可能获得我们所渴求的一切。

我刚满八岁，就被寄养到了九州的禅寺。孩提时代给我留下了数不胜数的辛酸记忆。当年，走投无路之际，想到的只有一个“死”字。我在上下学的路上，有时会遇上一个小时一班的火车从身边呼啸驶过。每当进站的机车驶出月台时总是拉响汽笛，吐出黑黑的浓烟。从机车的烟囱里冒出来的滚滚黑烟中偶尔会钻出来烟圈儿。这烟圈儿越升越高，飘荡在空中不肯散去。令人不可思议的是，这烟圈儿经常只是一个，孤零零地飘荡在高空。“啊！这烟圈儿多美呀！多么自由哇！”每当这美丽而自由的烟圈儿闯进我的眼帘，我总是不禁自言自语。

虽然大多是货车，但是每天看到眼前跑过的火车，我常常想：“如果能坐上这火车去哪儿看看，该有多好啊！”当年，我想到的只是到“哪里”去看看另外的世界，至于到底要去哪里，却从来没有继续想下去。只是目送无情的火车远远驶去，默默地独自哭泣。

触景生情，当我日复一日、年复一年地目送那远远驶去的火车，目睹火车头烟囱冒出来的滚滚浓烟时，逐渐从浓烟中窥见到了蕴藏着的“美”。在发现蕴藏于大自然中的美好景观的同时，我又觉察到了自身顺应外部世界能力的进步，增强了顽强生存下去的勇气，仿佛找到了自己能够赖以寄身之处。

今天，我之所以还身着袈裟，站在这里与大家分享法悦，原因之一是我当时无处可逃。另外一个最重要的原因就是，当年我在寂寞孤独和痛苦折磨之中寻觅到了

“美好”，体会到了人生的喜悦，因此为自身的选择感到欢喜。如果不是发自肺腑的热爱，我一定早早就舍弃僧侣不当了。

生命禅坊

日本·禅·生活

禅起源于古代印度，公元6世纪传入中国，随后又从中国传入日本。经过多个世纪的传承和演变，在日本形成了独特的日本禅。

日本禅并非限于宗教范畴，而已渗入日本文化生活的各个层面。日本禅无处不在，栖居于日本人生活的细枝末节。正如铃木大拙所说："禅的中心事实是生活，禅独有的长处就在这里。"

有马赖底禅文集（全六册）

《禅僧直往》

本书为日本当代著名高僧有马赖底的自传，作者运用充满真挚情感的细腻笔触，描绘了出身名门望族，幼年时代曾经为天皇伴读，而后投身佛门，活跃日本，广宏人间佛教的当代禅僧的鲜明形象。

《破壁入禅》

作者信手拈来禅家公案、名言，古为今用，禅为日用，教导人们在举手投足之间把握禅的精髓；以禅家睿智为迷惘于现代社会诸般矛盾之人指明了如何正视人生逆境，面对现实磨难的思维方式与行动准则。全书章节简练，深入浅出，契理契机，引人入胜，拳拳禅心，发人深省。

《禅茶一味》

中国禅宗的东渐，日本禅宗的兴隆普及，造就了绚丽多彩而独具特色的“禅文化”。身为日本佛教界领袖和著名禅师、茶人、美术鉴赏评论家，作者以独到的旁征博引，勾勒出禅法东渐的轨迹，着力考证论述了禅文化的至为重要一枝禅茶文化的发展历史。

《云水禅心》

“云水”为禅家参禅闻法至为重要的实践之一。本书为作者以终生行脚弘道的释尊为典范，巡礼亚洲各地佛教圣地，广弘人间佛教的随笔游记。作者在描绘佛教东渐轨迹的同时，以禅者独到的角度重点论述了慧能、黄檗、临济、梦窗国师等中日禅僧在佛教东渐史上的历史地位，以禅茶文化为中心阐述了笔者自身的禅宗艺术论。

《禅的对话》

本书通过 禅师与日本文化艺术界三位代表人物的对谈，揭示日本禅宗的精髓，以及禅文化与日本传统文化的渊源关系。本书图文并茂，全方位而形象地展示了日本现代名僧有马赖底广弘人间佛教的精神世界，以及现代日本禅佛教和禅文化的全貌。全书构思新颖，资料详实珍贵，为一部详细了解日本禅及日本禅文化的佳作。

《活在禅中》

本书由禅入话，运用禅家睿智解读物欲横流、拜金主义横行的现代社会，阐述为人处世哲理，劝诫世人看破放下，卸掉肩头包袱，舍弃诸般欲望，清扫心灵污垢，回归清净自我，尽享绚丽人生。全书章节简练，行文深入浅出，语言幽默诙谐，娓娓道出禅家箴言妙语，开出根治现代疾病的灵丹妙药。

与生命相约

如果您在读书坊里的书，有些心得和感受，希望师父们再继续指点迷津，可以和我们分享和交流；如果您遇到好书或好的作者，请第一时间和我们联系。我们期待与您相约，共同创造美好的心世界。

咨询电话：010-64828846-639
电子信箱：eric998@126.com
新浪网微博：生命书香 http://weibo.com/u/3088715783
百道网书坊专栏：www.bookdao.com/person/31438
联系人：柯祥河